AF402299

SINE PIETATE

Z 1087.
+A—3.

15555

LETTRES CHINOISES,

OU

CORRESPONDANCE

PHILOSOPHIQUE, HISTORIQUE & CRITIQUE,

Entre un Chinois Voyageur à Paris & ses Correspondans à la Chine en Moscovie, en Perse & au Japon.

Par l'Auteur des LETTRES JUIVES & des LETTRES CABALISTIQUES.

NOUVELLE EDITION, AUGMENTÉE de Nouvelles Lettres, de Quantité de Remarques, &c.

TOME TROISIEME,

DEPUIS LA LXVII. JUSQU'À LA LXXXX.

A LA HAYE,

Chez PIERRE GOSSE, Junior.

Libraire de S. A. R.

M. DCC. LI.

LETTRES CHINOISES,

OU

CORRESPONDANCE

PHILOSOPHIQUE,

HISTORIQUE & CRITIQUE,

Entre un Chinois Voyageur à Paris & ses Correspondans en divers Endroits.

LETTRE SOIXANTE-SEPTIEME.

Yu-Che-Chan, à Sioeu-Tcheou.

JE ne blâme pas moins que toi, cher Sioeu Tcheou, la barbarie des Inquisiteurs Portugais, & je n'ai pas moins en horreur les persécutions que tu détestes avec tant de raison; mais je suis éloigné de

suppoſer, ainſi que tu le fais, que les crimes de certains hommes qui reſtent impu-
nis, ſont des preuves qu'aucune Intelligence ne préſide à la conduite de l'Univers,
& qu'il eſt mû & dirigé par une Nature a-
veugle, qui fait toutes ſes fonctions,
ſans connoître qu'elle les fait.

Il eſt abſurde, permets-moi de te le
dire, de vouloir juger des qualités du
Créateur par celles des créatures. Hé
quoi! parce que l'Etre ſuprême eſt ſouverainement bon, ſouverainement juſte, que
le *Tien* poſſéde enfin toutes les vertus
dans le plus haut dégré de perfection, a-
t-il été obligé de créer les hommes auſſi
parfaits que lui, & a-t-il dû en faire des
Dieux? N'eſt-ce pas aſſez qu'il leur ait
donné à tous le moien d'être vertueux,
qu'il leur ait accordé une entière
liberté de choiſir entre le bien & le
mal?

Parce qu'il y a des hommes criminels,
tu prétends qu'ils n'ont point été faits par
un Etre intelligent; & moi je penſe que
l'on doit en conclure tout le contraire. Si
tous les hommes étoient généralement
vertueux, on pourroit dire qu'étant d'un
ſeul & unique caractère, ils ſont formés
par une cauſe aveugle qui agit toujours de
même, & qui, par ſa nature étant bornée
dans ſes opérations, & déterminée par
certaines loix éternelles & générales, ne
ſauroit s'en écarter. La liberté de choiſir
entre

entre le bien & le mal, que tous les hommes sentent & connoissent d'avoir en eux-mêmes, malgré tous les vains sophismes que font quelques Philosophes pour obscurcir cette vérité; la liberté, dis-je, qu'ils ont de se déterminer pour le bien ou pour le mal, prouve évidemment qu'ils sont créés par un Etre intelligent, de qui seul ils peuvent avoir reçu cette liberté, qu'une cause aveugle ne sauroit leur communiquer.

IL ne peut émaner d'un sujet que ce qui se trouve dans le même sujet. Si les hommes venoient d'un principe qui agît d'une manière fixe & nécessaire, il faudroit qu'ils agissent aussi d'une manière fixe & nécessaire. Plus de liberté chez eux, aucune connoissance du bien & du mal, aucune distinction entre la vertu & le vice; ils seroient de purs & simples automates qui se conduiroient sans connoissance comme le principe qui les auroit formés. Il est donc absurde de prétendre que les vices auxquels s'adonnent certains hommes, soient une preuve contre l'existence d'un Etre suprême intelligent, & souverainement sage dans toutes ses opérations.

MAIS, dis-tu, si le *Tien* préside à la conduite de l'Univers, s'il est juste, équitable, d'où vient ne punit-il pas les crimes, & pourquoi souffre-t-il que les bons soient tourmentés par les méchans? Pour-

quoi

quoi permet-il que ceux qui le servent,
qui l'implorent, soient la victime des tyrans, &c. ? Je pourrois te répondre que
ce n'est point à nous à sonder les desseins
du Tout-Puissant, mais ce discours tien-
droit du style de nos amis les Missionnaires. Je craindrois que tu ne me repliquas-
ses, ainsi que tu leur as dit quelquefois,
Mes Réverends Peres, en réduisant tout en
mystères & en secrets célestes, il est diffici-
le de vous convaincre ; mais n'esperez pas
aussi de nous persuader. Nous voulons des
raisons, & non pas des mystères. Les Bonzes
& les Lamas ont aussi les leurs, ils seront
donc aussi redoutables dans la dispute, que
vous prétendez l'être. Je craindrois un pareil reproche, & je puis aisément l'éviter.

La Divinité punit toujours les crimes,
& jamais les méchans n'évitent son courroux. Tôt ou tard elle montre sa justice ;
si elle différe les châtimens, ils n'en sont
que plus rigoureux. Combien d'exemples
as-tu vûs toi-même de la justice divine,
que tu as attribués au hazard ? Je pourrois te citer ici des millions d'histoires,
qui prouvent d'une manière aussi claire
que surprenante, que le crime ne reste jamais impuni.

Mais d'où vient, demandes-tu, les
bons sont-ils outragés, tourmentés, per-
sécutés ? c'est pour les rendre meilleurs,
c'est pour leur donner lieu d'être encore
plus

plus récompensés qu'ils ne le seroient.
Lorsque nous voions un honnête homme
malheureux, nous devons le regarder comme prêt à être comblé de gloire: si ce n'est
point dans ce Monde, c'est dans l'autre.
Tu te moques de l'immortalité de l'ame,
& moi je crois qu'elle est démontrée par
l'existence de Dieu, & par les infortunes
des gens de bien. Puisqu'il existe un Dieu
juste, il faut nécessairement que la vertu
soit récompensée: elle ne l'est pas souvent dans ce Monde, donc il doit y en a-
voir absolument un autre, où sera exécuté ce qui n'a pas eu lieu dans celui-ci. Si
les justes n'étoient point quelquefois malheureux sur la terre, nous serions privés
de la plus invincible preuve de l'immortalité de l'ame. Ne voit-on pas d'ailleurs
tous les jours que l'Etre suprême n'attend
pas à récompenser les peines des justes a-
près la mort. Le *Tien* éleve quelquefois
dans un instant un honnête homme du
comble de la misère au faîte des grandeurs. Tu diras peut-être que j'attribue
à la Divinité ce qui doit ne l'être qu'au
hazard; en ce cas je te dirai à peu près
la même chose que ce que tu répondois
aux Missionnaires, en donnant tout au hazard sans raison: *Il sera difficile de te convaincre; mais n'esperes pas aussi de me persuader.* Il n'est rien de si aisé que de faire
venir bien ou mal à propos le hazard dans
toutes les occasions.

<table><tr><td>A 3</td><td align="right">EN</td></tr></table>

En voilà aſſez ſur ce ſujet pour te faire
connoître ton erreur. Si tu veux en être
deſabuſé, je paſſe à une autre queſtion,
qui a beaucoup de rapport avec ta dernière Lettre, où tu maltraites les Portugais à l'occaſion de leurs coutumes, & de
la ſoumiſſion qu'ils ont aux Inquiſiteurs.
Sans vouloir juſtifier leur foibleſſe criminelle, je te ferai remarquer que les peuples les plus éclairés & les plus civiliſés
ont eu quelquefois les loix les plus barbares & les plus folles.

Les anciens Athéniens, ſi ſpirituels, ſi
polis, firent des édits , par leſquels ils
ordonnoient * de couper le pouce de la
main

* Οἷα ἐψηφίσαντο Ἀθηναῖοι, καὶ ταῦτα ἐν
δημοκρατίᾳ· Αἰγινητῶν μὲν ἑκάςυ τὸν μέγαν
ἀποκόψαι τὸ χειρὸς δάκτυλον τὸ δεξιᾶς, ἵνα
δόρυ μὲν βαςάζειν μὴ δύνωνται, κώπην ἢ
ἐλαύνειν δύνωνται· Μιτυληναίυς ἢ ηβηδὸν
ἀποσφάξαι. καὶ τῦτο ἐψηφίσαντο, εἰσηγη-
σαμένυ Κλέωνῷ τῦ Κλεαινέτυ. τύς γε μὴν
ἁλισκομένυς αἰχμαλώτυς Ζαμίων ςίζειν
κατὰ τῦ προσώπυ, καὶ τῦτο ἀτλικὸν ψήφις-
μα. οὐκ ἐβυλόμην ἢ αὐτα, ὔτε Ἀθήνησι
κεκυρῶσθαι, ὔτε ὑπὲρ Ἀθηναίων λέγεσθαι, ὦ
πολιὰς Ἀθηνᾶ, καὶ ἐλευθέριε Ζεῦ, καὶ οἱ
Ἑλλήνων θεοὶ πάντες.

Que

main droite à tous les Eginetes , pour
qu'ils ne puſſent ſe ſervir de la lance , &
qu'ils ramaſſent cependant ; de tuer tous
les jeunes gens de Milet , & de marquer
au viſage avec un fer rouge tous les pri-
ſonniers Samiens. Les peuples les plus
cruels & les plus féroces ont-ils jamais
fait des décrets auſſi barbares ?

On a regardé en Europe comme une
choſe affreuſe , que les Tartares de Thi-
beth mangeaſſent leurs peres * & leurs
meres après leur mort. Je conviens que
cet uſage eſt condamnable ; mais enfin ces

peu-

*Quæ vero Dii boni decreverunt Athenienſes,
idque in democratia ? Æginetarum unicuique
pollicem e manu dextra reſcindi, ut haſtam ferre
non poſſent, remos vero adhuc agere poſſent;
Mitylenenſium vero omnem juventutem occidi.
Idque decretum factum eſt auctore Cleone, filio
Cleæneti. Captivos vero Samiorum notis in fa-
cie notari & inuri, quæ noctuam referrent:
quod ipſum etiam Atticum erat decretum. Hæc
vero, ô urbana Minerva, & Jupiter
Eleutherie, & omnes Græcorum Dii, utinam
neque Athenis ſtatuta eſſent, neque de Athe-
nienſibus dicerentur. Æliani Variæ Hiſtoriæ,
Lib. II. Cap. IX. pag. 30. Edit. Argent.
M. DC. XLVII.*

* *Voiez le Voyage de Guillaume de Rubru-
quis, envoié en Ambaſſade par le Roi Louis IX. en
différentes parties de l'Orient, & principalement
en Tartarie & à la Chine, Chap. XXVIII. pag.
57. de l'Edit. de la Haye, M. DCC. XXXV.*

A 4

peuples croient faire un acte de piété de
ne donner d'autre tombeau à leurs parens
que leurs propres entrailles ; du moins se
gardoient-ils bien de les priver de la vie :
au lieu qu'il s'est trouvé d'autres peuples,
beaucoup plus policés qu'eux, qui connoissoient même & cultivoient les Sciences & les Arts, qui se faisoient un devoir
de les égorger.

Les Sardes * étoient obligés par une loi
de tuer leurs peres à coups de bâton ,
lorsqu'ils étoient déjà vieux ; ils pensoient
qu'il étoit absurde de laisser vivre un vieillard qui radotoit, & qui par son grand â-
ge pouvoit commettre quelque grande
faute.   Un autre peuple étoit encore plus
sévère : † on assommoit chez lui tous
les

* Νόμ☉ ἐςὶ Σαρδῶ☉, τὰς ἤδη γεγη-
ρακότας τῦ πατέρων οἱ παῖδες ῥοπάλοις τύ-
πτοντες ἀνήρουν, καὶ ἔθαπΙον, αἰσχρὸν ἡγύμε-
νοι τὸν λίαν ὑπέργηρον ὄντα ζῆν ἔτι ὡς πολλὰ
ἁμαρτάνονΙ☉ τῦ σώματος τῦ διὰ τὸ γῆρας
πεπονηκότ☉· τῦ δὲ αὑτῶν ἐςι ιόμ☉ τοιῦτος.
Lex erat Sardoa, ut filii patres jam senio
confectos fustibus cæderent, & interemptos se-
pelirent : absurdum arbitrantes esse, si delirus
senex ulterius in vivis agat, eo quod sæpissime
in fraudem peccatumque impellatur corpus senec-
tute grandæva maceratum. Æliani Variæ Historiæ Lib. IV. Cap. I. pag. 95. Edit. Argentor. M. DC. XLVII.

† Βαρβίκκαι τὰς ὑπὲρ ἑξδομήκοντα ἔτη
βεβι-

les hommes qui paſſoient ſoixante-&-dix
ans, & l'on étrangloit les femmes qui é-
toient parvenues à cet âge.

Les Céens * ne tuoient pas eux-mêmes
leurs vieillards; mais lorſqu'ils étoient dé-
crépites, ils les obligeoient à faire entre
eux un ſacrifice ſolemnel : enſuite aiant
une couronne, ils s'empoiſonnoient en
bû-

βεβιωκότας ἀποκτείνσί, τὺς μὲν ἄνδρας κατα-
θύοντες, ἀπάγχοντες ἢ τάς γυναῖκας.

*Berbiccæ omnes ſeptuageſimum annum egreſſos
interſiciunt, viros mactando, mulieres vero
ſtrangulando. Æliani Variæ Hiſtoriæ, Lib. IV.
Cap. I. pag. 96. Edit. Argentor. M. DC. XLVII.*

* Νόμ☉ ἐςl Κέίων, οἳ πάνυ παρ᾽ αὐτοῖς
γεγηρακότες, ὥσπερ ἐπl ξενίᾳ παρακαλῦν-
τες ἑαυτὺς, ἢ ἐπί τινα ἑορτασικὴν θυσίαν,
ἀνελθόντες, καὶ στεφανωσάμενοι, πίνυσι
κώνειον, ὅταν ἑαυτοῖς συνειδῶσιν, ὅτι πρὸς
τὰ ἔργα τὰ τῇ πατρίδι λυσιτελῦντα ἄχρησοί
εἰσιν, ὑπολήρήσης ἤδη τι αὐτοῖς καὶ τὴς γνώ-
μης Διὰ τὸν χρόνον.

*Conſuetudo eſt apud Ceos, ut ii qui ſenio
plane confecti ſunt, tanquam ad convivium ſe
mutuo invitent, aut ad quoddam ſolenne ſacrifi-
cium conveniant, & coronati cicutam bibant.
Quum ſibi ipſis conſcii ſunt, ſe ad promovenda
commoda patriæ inutiles amplius eſſe, animo
jam ob ætatem delirare incipiente. Æliani Variæ Hiſtoriæ, Lib. III. Cap. XXXVII. pag.
38. Edit. Argent. M. DC. XLVII.*

A 5

bûvant du jus de ciguë. Toutes ces
coutumes sont certainement bien plus af-
freuses que celles des Tartares de Thi-
beth; elles ont été cependant pratiquées
par des peuples, qui les eussent regardés
comme des barbares.

Voions encore une différence bien
grande entre une coutume barbare des
Athéniens & une loi sensée des Thébains,
qui en défendoit l'usage chez eux. Ces
derniers étoient pourtant considérés comme des grossiers & des rustres, eu égard
aux premiers.

A Athènes on exposoit les enfans qu'on
ne vouloit point élever. Il étoit très ordinaire de voir un pere barbare sacrifier
sans pitié plusieurs de ses fils à l'envie de
voir l'aîné très riche. La Nature qui con-
damnoit une pareille coutume, parloit en
vain dans le cœur des Athéniens, ils n'en
entendoient point la voix. Les Thébains au contraire, aiant des sentimens véritablement humains, ne souffroient point
qu'on expôsât les enfans. * Un pere qui
l'eût

* Νόμος οὗτος Θηβαῖκος, ὀρθῶς ἅμα
καὶ φιλανθρώπως κείμενος ἐν τοῖς μάλιστα·
ὅτι οὐκ ἔξεστιν ἀνδρὶ Θηβαίῳ ἐκθεῖναι παι-
δίον, οὐδὲ εἰς ἐρημίαν αὐτὸ ῥῖψαι, θάνατον
αὐτῷ καταψηφισάμενος. ἀλλ' ἐὰν ᾖ πένης εἰς
τὰ ἔσχατα ὁ τοῦ παιδὸς πατήρ, εἴτε ἄρρεν
τοῦτο, εἴτε θῆλύ ἐστιν, ἐπὶ τὰς ἀρχὰς κο-
μίζειν ἐξ ὠδίνων τῶν μητρῴων σὺν τοῖς
σπαρ-

l'eût fait, auroit été puni de mort ; mais s'il étoit si pauvre qu'il ne pouvoit élever son enfant, il devoit, soit que ce fût une fille ou un garçon, le porter d'abord qu'il étoit né, chez le Magistrat, qui, après l'avoir reçu, le faisoit élever pour une somme assez modique par quelqu'un avec qui il faisoit marché pour sa nourriture & son éducation. Lorsque l'enfant devenoit plus âgé, il étoit obligé de servir & d'aider celui qui l'avoit élevé, en récompense des soins qu'il s'étoit donnés pour cela. Peut-on voir, cher Sioeu-Tcheou, un usage plus sage, plus humain, & plus utile à la Société ?

Les σπαργάνοις αὐτό· αἱ δὲ παραλαβοῦσαι, ἀποδίδονται τὸ βρέφος τῷ τιμὴν ἐλαχίστην δόντι· μῆτρά τε πρὸς αὐτὸν, καὶ ὁμολογία γίνεται, ἦ μὴν τρέφειν τὸ βρέφος· καὶ αὐξηθὲν ἔχειν δοῦλον, ἢ δούλην, θρεπτήρια αὐτοῦ, τὴν ὑπηρεσίαν λαμβάνοντα.

Lex hæc Thebanorum rectissime & humanissime posita est. Ne cui Thebano liceat infantem exponere, neque in solitudinem abjicere, capitis supplicio constituto. Verum si extrema mendicitate pater laboret, sive mas sit, sive fæmina infans, jubet lex eum statim a materno partu ad Magistratum cum ipsis fasciis adferre, qui acceptum alicui tradit levi pretio cum quo pactum & conditiones intercedunt, bonâ fide infantem alat, & adultum servi vel servæ loco habeat, sic ut pro educationis mercede operas ejus accipiat. Æliani Variæ Historiæ, *Lib. II. Cap. VII. pag. 29. Edit. Argentor. M.DC.XLVII.*

Les Européens sont aujourd'hui aussi différens entre eux sur l'usage qu'ils font de leurs enfans, que les Thébains & les Grecs. Les Anglois, les Hollandois, les peuples du Nord sont également peres de tous ceux qu'il plait au Ciel de leur donner; mais les François, les Espagnols, les Italiens, & une partie des Allemands, plus barbares à mon gré que les Athéniens, n'élevent la plus grande partie de leurs filles que pour les renfermer pendant toute leur vie dans une étroite prison. Ne vaudroit-il pas mieux qu'ils les fissent périr dès qu'elles sont nées, que de les conserver pour les tourmenter? La mort sur-tout dans un âge où l'on n'en sent pas les approches, n'est point aussi cruelle que la perte éternelle de la liberté; c'est mourir chaque jour, que de sentir qu'on sera toujours dans un dur esclavage.

Je pourrois, cher Siocu-Tchcou, te citer encore plusieurs exemples pour prouver que de tout tems les peuples les plus civilisés ont eu plusieurs usages plus cruels que les Nations qu'ils regardoient comme barbares: mais ceux que j'ai rapportés suffisent, & montrent bien évidemment que les préjugés sont également forts chez tous les hommes, & que les Sciences, les Arts & la politesse ne les détruisent point; ils leur prêtent seulement des raisons pour les autoriser. C'est avec bien

du

du fondement qu'un Auteur François a
dit, * *que de la plus subtile sagesse se fait
la plus subtile folie.*

PORTE-toi bien.

De Peckin, le...

LETTRE SOIXANTE-HUITIEME.

Kieou-Che, à Sioeu-Tcheou.

JE te promis il y a quelque tems, cher
Sioeu-Tcheou, de te donner une juste idée des Sectes Japonoises. Je t'ai parlé dans mes dernières Lettres de celle du
Suintos, ou de l'ancien culte des Idoles,
je vais à présent te communiquer tout ce
que j'ai appris de celle du *Budso*, ou du
culte des Idoles étrangères qui furent apportées au Japon du Roïaume de Siam &
de la Chine.

L'AUTEUR de cette Religion est la même personne que les Bramins appellent
Budna, & qu'ils croient être une partie
essentielle du *Wisthnu*. Ils prétendent que
cet-

---

* *Essais* de Michel de Montagne, *Liv. II.*
pag. 189 *ancienne Edit.*
Tome III.   B

cette Divinité, après avoir apparu plusieurs fois dans le Monde, y fit enfin sa
dernière & neuvième apparition, sous la
forme d'un homme, & prit le nom de
Buds. Les Siamois appellent cette même
Divinité *Prab-Pudi-dsau*, *le Seigneur saint*.
Les Savans parmi eux la nomment *Sama-
nona-Kbodum*; les Pequans *Sammona Kbu-
tama*, & nos Chinois *Siaka*. Ce *Buds* é-
toit le fils d'un Roi de Magattakohf. Tu en
as entendu souvent raconter la fabuleuse
histoire à ceux de nos compatriotes qui
le regardent aujourd'hui comme un Dieu.
Ils disent qu'à l'âge de dix-neuf ans il se
retira dans une montage auprès d'un Hermite, & qu'il abandonna sa femme & son
fils. Dans cette solitude il s'adonna entiérement à la méditation, y découvrit
par son moïen les points les plus essentiels de la Religion, & pénétra dans les
secrets les plus cachés de la Nature. Il
connut quel étoit le véritable état des a-
mes après la mort, il s'instruisit de
leur transmigration, & du pouvoir
des Dieux dans le gouvernement de ce
Monde.

Voici, cher Sioeu-Tcheou, quels sont
les points les plus essentiels de la Religion
qu'établit ce Roi, devenu Hermite, &
déifié après sa mort par ses disciples. Il
prétendit que les ames des hommes & des
animaux étoient d'une même espèce, &
ne

ne différoient entre elles que par rapport aux corps qu'elles animoient. Selon cette opinion, l'ame d'un Philosophe, renfermée dans un cheval, n'a plus d'autres perceptions que celles qui sont attachées à la nature de cet animal ; c'est la seule différence des organes qui donne à l'esprit le dégré de perfection qu'il peut avoir.

Le même Légiflateur voulut que les ames qui sortoient d'un corps humain, fussent récompensées dans un féjour de bonheur, ou punies dans un lieu de misère, suivant les actions bonnes ou mauvaises qu'elles avoient commises. Lorsque les ames des méchans ont resté plusieurs années dans des prisons ténebreuses, & qu'elles y ont expié leurs crimes, elles retournent dans le Monde ; mais au lieu de passer dans des corps humains, elles animent des animaux immondes, & dont la nature convient aux inclinations & aux défauts qu'elles ont eus autrefois. Elles passent ainsi successivement du corps d'un animal excessivement vil, dans celui d'un autre qui l'est un peu moins. Enfin, peu-à-peu & par dégré elles rentrent dans un corps humain. Alors elles peuvent, en cultivant la vertu, en fuiant les vices, se rendre dignes du bonheur éternel, réservé aux Justes. Si au contraire elles se replongent dans leurs premiers desordres,

il

il faut qu'elles recommencent de nouveau à subir toutes les punitions qu'elles ont déja essuiées.

Quant au bonheur dont doivent joüir les ames vertueuses, voici quel il est, selon les sectateurs de *Buds*. Le lieu de leur demeure est appellé *Gokurakf*, c'est-à-dire *le lieu des plaisirs éternels*; elles y sont récompensées suivant le dégré de leur mérite. Les plus sages, les plus saintes goutent une félicité plus pure que celles dont le caractère n'a point été aussi parfait ; c'est le dégré de vertu qui régle celui du bonheur. Cependant ce Paradis Japonois, qui ne céde en rien à celui dont nos amis les Missionnaires nous font souvent de si pompeuses descriptions, est si rempli de tout ce qui peut contribuer à la félicité des ames, que chacune d'elles croit son état au-dessus de celui des autres, & ne desire point un bonheur plus grand. *Amida*, Divinité Japonoise, est le gouverneur de ce lieu de délices ; on peut le regarder comme le Chef suprême de toutes les ames, non seulement des bienheureuses, mais encore de celles qui sont occupées à purger leurs fautes par les différentes transmigrations auxquelles elles sont condamnées.

Par le moïen & par la médiation d'*Amida*, les péchés sont pardonnés. C'est par l'amour de la vertu & par l'observance des préceptes de la loi de *Buds*, qu'on peut esperer de plaire à *Amida*. Les principaux de ces préceptes sont de ne rien tuer de ce qui a vie; de ne rien dérober; de ne point se livrer à la débauche & à l'impudicité; de ne jamais mentir, sous quelque prétexte que ce soit; de ne boire aucune liqueur forte, capable d'enyvrer & de troubler la raison. Les Docteurs de la Secte de *Buds* ont appliqué ces cinq commandemens généraux à toutes les actions particulières de la vie; ils les ont même si étendus & si multipliés, que ceux qui veulent s'attacher à leur exacte observation, se trouvent accablés sous le poids d'une loix impossible à remplir. Les disciples zélés de *Buds* peuvent être justement comparés aux rigides Théologiens Européens, qui ont également établi tant de règles, qu'il est impossible de pouvoir en suivre la plus petite partie. Ce n'est pas en cela seul que les *Budoïstes* ressemblent aux Européens; beaucoup de leurs usages & de leurs maximes sont très conformes à celles de ces derniers. Je te ferai remarquer dans la suite que toute la Religion de *Buds* est un ramas des principales opinions des anciens Philosophes Grecs & Egytiens, & de celles des Chrétiens. La profonde méditation dans laquelle *Buds* passa presque toute sa vie, ne lui apprit rien de nouveau, ni à ses disci-

ples,

pies, toute sa doctrine n'aiant été introduite par les Bramins que plusieurs années
après la mort du Légiflateur des Chrétiens, & par conféquent après celle des
Philofophes Grecs.

Buds eut plufieurs difciples d'un mérite
éminent, qui contribuerent beaucoup à la
propagation de ces opinions. Ces grands
hommes furent fuivis par d'autres, qui
n'étoient ni moins favans, ni moins vertueux, & qui répandirent jufqu'aux extrémités de l'Orient la Religion qu'ils a-
voient reçue de leur maître; ils l'établirent dans le Japon fur les ruines de l'ancienne, & firent dans ce Roïaume de
grands progrès. La Religion du *Suintos*,
ainfi que je te l'ai dit dans mes dernières
Lettres, qui étoit pour lors l'unique, n'a
rien qui puiffe fatisfaire non feulement les
perfonnes curieufes, mais même les plus
fimples, fur la nature, l'effence des
Dieux, fur leur pouvoir, fur l'état des a-
mes après la mort, enfin fur tous les
points qui intéreffent le plus la curiofité
des hommes.

Les *Budoïftes* trouverent des obftacles
beaucoup plus confidérables dans une Secte qui s'éleva à peu près en même tems
que la leur; je veux parler de celle qu'a
fondée notre *Confucius*. La Philofophie
morale de ce grand homme ne fut pas
moins goutée des Japonois lorfqu'elle leur

fut

fut connue, qu'elle l'avoit été de nos compatriotes. Plusieurs d'entre eux la préfererent aux opinions non seulement de la Secte du *Suintos*, mais encore à celles de *Buds.* Ce n'étoit point l'amour de la nouveauté qui déterminoit les Japonois à préferer *Confucius* à tous les autres Philosophes & Législateurs, ils avoient étudié avec soin ses Ouvrages & se les étoient rendus très familiers; il y a même apparence que la doctrine de ce sage & vertueux Chinois auroit été dans la suite la seule qu'on eût suivie dans le Japon, si un certain *Drama*, habile homme, possédant à fond les opinions de *Buds* dont il étoit le trente-troisième successeur, n'eût attiré à lui un grand nombre de prosélites, qui auparavant, prévenus uniquement en faveur des sentimens de *Confucius*, sembloient ne faire aucun cas des sentimens des *Budoïstes.* Ce *Drama*, que les Japonois regardent aujourd'hui comme une Divinité, jetta, pour ainsi dire, parmi eux les fondemens solides du *Budoïsme.* Il menoit une vie austère, ses mœurs étoient excessivement régulières. Ses disciples assûrent que sa dévotion étoit si ardente, & qu'il se punissoit si sévèrement des plus legères fautes qu'il commettoit, *qu'il se fit * couper les paupières, parce qu'elles l'avoient tiré de ses méditations*

* Kemper, *Hist. du Japon*, Tom. II. pag. 120.

B 4

tions extatiques, & l'avoient laiffé tomber dans le fommeil.

UN homme qui raifonne fans préjugé, traite cette action de *Drama* de folie; mais un japonois, prévenu en fa faveur, l'éleve au plus haut dégré. Eft-il rien de plus infenfé, que de s'en prendre à fes membres, de les mutiler, ainfi qu'ont fait plufieurs extravagans, parce que leurs membres fuivoient les mouvemens que la Nature leur prefcrivoit, & obéiffoient aux loix générales établies dans l'ordre des chofes ? Les Européens fe vantent plus que tous les autres peuples d'avoir eu parmi eux, & d'avoir encore aujourd'hui un grand nombre de ces fanatiques qui fe maltraitent, qui fe bleffent, qui fe meurtriffent pour fe punir de certains crimes imaginaires, auxquels ils n'ont réellement aucune part. L'homme ne doit répondre que des mouvemens de fon cœur & de fon efprit, parce que l'Etre fuprême, le *Tien* l'a laiffé le maître de régler & de diriger fes penfées. Mais quelle folie de croire qu'un homme, accablé de fatigues, fait une faute de dormir lorfque la Nature épuifée le force à fe livrer au fommeil, ou qu'il eft impur & fouillé, & digne du courroux célefte, s'il s'eft fait quelque contraction dans fes nerfs ! Le peuple, cher Sioeu-Tcheou, qui eft toujours frappé par ce qui a quelque air de fingularité,

qui

qui aime tout ce qui vient de l'extraordinaire, est cent fois plus touché par toutes
ces folles & rigoureuses austérités ; que
par les raisons les plus sensées & les
plus évidentes. J'avoüe pourtant que la
dévotion merveilleuse de *Drama* ne
fut pas la seule chose qui facilita l'établissement de sa doctrine. L'opinion de
l'immortalité de l'ame, d'une récompense
dans la vie à venir pour les honnêtes gens,
d'une punition pour les méchans, plusieurs
autres sentimens, dont la croiance est aussi
flatteuse pour les personnes vertueuses, &
aussi utiles pour la Société publique, ne
contribuerent pas médiocrement à sa propagation. D'ailleurs, lorsque la Secte des
Budoïstes commença à être un peu nombreuse, ceux qui en étoient les principaux
Chefs, se servirent habilement de quelques
prétendus miracles ; c'est-là le grand
moïen pour fortifier une Religion qui
commence à être goutée, & presque tous
ceux qui se sont érigés en Législateurs,
& qui ont voulu prescrire un culte aux
autres hommes, se sont servis de cet ex-
pédient. Ils connoissoient trop l'amour
outré des peuples pour les prodiges, pour
ne point en faire usage. Les Chefs des
Budoïstes assûrerent leurs sectateurs qu'une
* *Idole curieusement cizelée d'Amida, que*
l'on

* *Histoire du Japon, Tom. II. Chap. VI.*
pag. 70. par le Docteur Kemper.

B 5

l'on avoit apportée quelques années auparavant de *Tenfiku* à *Kufai*, apparut d'une manière miraculeuse dans la province de *Hino-Cami*, toute entourée de raïons étincelans. Sur quoi on bâtit un Temple à *Sinano* en mémoire de cet évenement merveilleux. Ce Temple fut nommé *Sanquofi*, & eſt encore aujourd'hui le principal Temple & le plus grand de la province.

On auroit tort de ſe recrier contre la mauvaiſe foi des *Budoïſtes* qui trompent leurs partiſans, les Chefs de Sectes ont joüi de tout tems de ce droit, & ils continueront ſans doute d'en joüir. Si les peuples étoient capables de refléchir, il y auroit quelque eſperance qu'ils ne ſeroient plus la dupe de ceux qui veulent les tromper; mais ſe flatter que jamais le vulgaire veuille prendre la peine d'examiner une opinion avant de la recevoir, c'eſt vouloir exiger l'impoſſible, c'eſt prétendre changer l'eſſence & la nature des choſes. Celle du peuple eſt de ſuivre aveuglément, non ce qui eſt évident, mais au contraire ce qui lui paroît étonnant & preſque incroiable: plus une choſe lui paroît abſurde, & plus il s'efforce de ſe la perſuader.

Il eſt bon de remarquer, cher Sioeu-Tcheou, que dans ce qui regarde la crédulité aux prodiges, quelque ridicules qu'ils ſoient, toutes les Nations, dans quelque partie du Monde que ce ſoit, ſont

très

très semblables. Sans aller chercher chez les Européens un nombre infini d'exemples de leur superstition, l'Asie, l'Afrique & l'Amérique ne nous en fournissent pas une moindre quantité. Les Tartares nos voisins ont reçu leurs loix par un nommé *Cingis,* * qui leur ordonna de faire toujours la guerre, & qui les assûra qu'un Chevalier couvert d'armes blanches, monté sur un superbe cheval, qui lui étoit apparu, l'avoit assûré qu'ils seroient victorieux toutes les fois qu'ils combattroient. La mere de ce *Cingis* assûroit les Tartares qu'elle avoit conçu son fils par les raïons du Soleil, sans avoir jamais connu aucun homme. Ce mensonge fut cru, & pourquoi ne l'auroit-il pas été? Etoit-il plus absurde que ceux dont *Mahomet* s'est servi pour établir sa Religion, ou que ceux qu'emploia le premier des *Incas,* Roi du Perou, qui se dit fils du Soleil? Chez les anciens Grecs, dont on vante si fort l'esprit & les connoissances, *Minos* Roi de Crete, & bien d'autres Souverains ne furent-ils pas placés au rang des Dieux? *Numa* ne persuada-t-il pas aux Romains qu'il avoit un commerce secret avec la Nymphe *Egerie?* Et lorsque ces mêmes Romains étoient maîtres du Monde, ne faisoient-ils pas des Temples? Les Européens ne suivent-ils

* *Traité des Tartares, de leur origine, païs,* &c. par Pierre Bergeron, Parisien, Chap. II. *pag.* 14.

ils pas cet exemple, ne déïfient-ils pas
tous les jours un grand nombre de leurs
compatriotes? Il est vrai qu'autrefois, ainsi qu'à présent, il y a toujours eu quelques
sages Philosophes qui se sont moqués de
ces déïfications; mais le nombre étoit aussi
petit que celui des peuples de la Grece
qui se moquerent de la folie d'*Alexandre*,
lorsqu'il voulut qu'on le reconnût pour un
Dieu * Les seuls Lacédémoniens témoi-
gne-

* Ἀλέξανδρος ὅτε ἐνίκησε Δαρεῖον, καὶ
τὴν Περσῶν ἀρχὴν κατεκτήσατο, μέγα ἐφ'
ἑαυτῷ φρονῶν, καὶ ὑπὸ τῆς εὐτυχίας τῆς πε-
ριλαβούσης αὐτὸν, τότε ἐκθεύμηνος, ἐπέστει-
λε τοῖς Ἕλλησι θεὸν αὐτὸν ψηφίσασθαι. γε-
λοίως γε· οὐ γὰρ ἅπερ οὐκ ἐκ τῆς φύσεως εἶχε.
ταῦτα ἐκ τῶν ἀνθρώπων αὐτῶν ἐκείνων ἐπιερ-
δασεν· ἄλλοι μὲν οὖν ἄλλα ἐψηφίσαντο. Λακεδαιμόνιοι ᾗ ἐκεῖνα, ἐπειδὴ Ἀλέξανδρος βού-
λεται, θεὸς εἶναι, ἔστω θεός. Λακωνικῶς τε
ἅμα καὶ κατὰ τὸν ἐπιχώριον σφίσι τρόπον,
ἐλέγξαντες τὴν ἔμπληξιν οἱ Λακεδαιμόνιοι
τοῦ Ἀλεξάνδρου.

*Alexander superato Dario, & Persarum re-
gno in suam potestatem redacto, sapiens altum,
& ob prosperam fortunam, qua tum usus fuerat, divinos spiritus gerens, Græcis scripsit,
ut se Deum facerent: satis equidem stulte.
Neque enim quæ natura ei largita non fuerat, hæc ab hominibus petendo consequebatur.*
Ita-

gnerent combien ils méprifoient fon extravagance; car pendant que toute la Grece donnoit à ce fujet les décrets les plus pompeux, ils en firent un qui ne contenoit que ces mots: *Puifqu'Alexandre veut être un Dieu, qu'il le foit.* Ces paroles renfermoient une fatyre auffi ingénieufe que piquante.

PORTE-toi, bien, cher Sieou-Tchoeu.

De Nagafaki, le . . .

Itaque aliis aliter ftatuentibus, Lacedæmonii decretum ejufmodi fecerunt: Quoniam Alexander Deus effe vult, efto Deus. *laconice fimul & patrio more redarguentibus Lacedæmoniis ftuporem & vecordiam Alexandri.* Æliani *Varia Hiftoria,* Lib. II. Cap. XIX. pag. 40. Edit. Argent. *M. DC. XLVII.*

LETTRE SOIXANTE-NEUVIEME.

Kicou-Che, à Sioeu-Tcheou.

J'EXAMINERAI dans cette Lettre, cher Sioeu-Tcheou, cette conformité que je t'ai dit avoir apperçu entre la Religion de *Buds* & les principales opinions des anciens Philosophes Grecs & Egyptiens. Commençons d'abord par les Grecs. Les plus anciens de leurs Auteurs ont admis, ainsi que *Buds*, la transmigration des ames. Ils croioient qu'elles étoient d'une même nature, & qu'elles ne différoient entre elles pour l'intelligence & pour les connoissances, que par la legéreté, la finesse, ou la grossiéreté, & la pesanteur des organes; c'est la précisément les sentimens des *Budoïstes*. Les Philosophes Grecs disoient encore, ainsi que les Japonois, que les ames * étoient immortelles; que celles qui avoient pratiqué

* Αἱ δὲ κατ' ἀρετὴν ζήσασαι Ψυχαὶ, τότε ἄλλα εὐδαιμονοῦσαι, καὶ τῆς ἀλόγου χωρισθεῖσαι, καὶ καθαραὶ παντὸς γενόμεναι σώματος, Θεοῖς τε συνάπτονται, καὶ τὸν ὅλον Κόσμον συνδιοικοῦσιν ἐκείνοις. Καὶ τοι καὶ εἰ μηδὲν αὐταῖς τούτων ἐγίνετο, αὐτή

qué les vertus morales & civiles, après
s'être purgées de toutes les souillures
qu'elles pouvoient avoir contractées dans
les corps qu'elles avoient animés, paſſoient dans un lieu de délices, où elles ſe
réuniſſoient, pour ainſi dire, à la Divinité, & goutoient des plaiſirs éternels;
c'eſt-là préciſément les ames, qui, aiant
fui les vices, vont dans le ſéjour où préſide *Amida*, joüir d'un bonheur parfait &
ſans fin. En liſant les Ouvrages des Philoſophes Pythagoriciens & Platoniciens,
on croiroit oüir un Bramin. Mais cette
doctrine étoit encore bien plus ancienne
chez les Grecs, que ne l'étoient les opinions de *Pythagore* & de *Platon*. Tous les
Phi-

γε ἡ Ἀρετὴ, καὶ ἡ ἐκ τῆς Ἀρετῆς ἡδονή τε
καὶ δέξα, ὅ, τε ἄλυπος καὶ ἀδέσποτος
βίος εὐδαίμονας ἥκκη ποιεῖν τοὺς κατ' ἀρετὴν
ζῆν προελομένους, καὶ δυνηθέντας.

*Animi vero qui ſecundum virtutem vixerunt,
in aliis fortunati ac beati, ab eo etiam, qui
rationis expers eſt, ſeparati & ab omni corpore
expurgati, Diis ipſis copulantur, & Mundum
univerſum una cum illis adminiſtrant. Et quidem, licet illis nihil ex iſtis ſuccederet, Vir-
tus ipſa, & ex Virtute voluptas, & gloria,
& absque marore, ac dominorum oppreſſione
vita immunis, ad eos, qui vitam ſecundum Virtutem vivere elegerunt, idque praſtare potue-
runt, beatos efficiendos ſatis fuerit. Saluſt.
Philoſop. de Diis & de Mundo, Cap. XXI.
pag. 279.*

Philosophes qui les soutinrent, les avoient prises dans *Homère*. Ce Poëte les avoit établies bien long-tems avant eux; car lorsque *Platon* dit que l'ame est immortelle, & qu'il lui donne des aîles, il repete en différens termes ce qu'avoit écrit *Homère*, * qui fait voltiger les ames des morts autour du Palais de Pluton. Dans l'I-

* Καθάπερ δὲ ἀεὶ τῶν θείων πολλοὶ καὶ ποικίλοι παρὰ τοῖς Φιλοσόφοις, τὰς πλείσας ἀφορμὰς ἐξ Ὁμήρου λαβοῦσιν, οὕτω καὶ ἀεὶ τῶν ἀνθρωπείων πραγμάτων, ὧν πρῶτον περὶ τῆς ψυχῆς πειρασώμεθα. τὸ μὲν δὴ τῶν δογμάτων Πυθαγόρου καὶ Πλάτωνος, γενναιότατόν ἐστι, τὸ εἶναι τὴν ψυχὴν ἀθάνατον, ᾗ καὶ πτερὰ τῷ λόγῳ προσίθησιν ὁ Πλάτων. τίς οὖν τοῦτο πρῶτον ἀνεφώνησεν; Ὅμηρος, εἰπὼν ἄλλά τε, καὶ ταῦτα. Ψυχὴ δ' ἐκ ῥεθέων πταμένη, ἄϊδος δὲ βεβήκει, εἰς τὸν ἀειδῆ καὶ ἀόρατον, εἴτε ἀέρα θείη τις, εἴτε ὑπόγειον τόπον· καὶ ἐν μὲν τῇ Ἰλιάδι, ποιῶν τὴν τοῦ πατρόκλου ψυχὴν ἐφισαμένην κοιμωμένῳ τῷ Ἀχιλῆ, ἦλθε δ' ἐπὶ ψυχὴ πατροκλῆος δειλοῖο· καὶ λόγους αὐτῷ περιτίθησιν, ἐν οἷς καὶ τοῦτο λέγει, Τῆλέ με εἴργουσι ψυχαὶ, εἴδωλα καμόντων· ἐν δὲ τῇ Ὀδυσσείᾳ δι' ὅλης τῆς νεκυίας τί ἄλλο ἢ τὰς ψυχὰς δείκνυσι μετὰ θάνατον διαμενούσας,

καὶ

l'Iliade le même Poëte feint que l'ame de
Patrocle apparoît à *Achille* pendant son
sommeil, & l'assûre que les autres Ombres
l'empêchent de traverser le fleuve. Dans
l'O.

καὶ φθεγγομένας ἅμα τῷ πιεῖν τοῦ αἵματος;
καὶ γὰρ τοῦτο ᾔδει, ὅτι τὸ αἷμα νομὴ καὶ
τροφή ἐστι τοῦ πνεύματος· τὸ δὲ πνεῦμα,
ἐστιν αὐτὴ ἡ ψυχὴ, ἢ ὄχημα τῆς ψυχῆς.

*Quemadmodum vero de divinis rebus multi &
varii sermones sunt apud Philosophos, qui pleras-
que suorum decretorum occasiones ex Homero ac-
ceperunt, sic & de humanis rebus. Primum autem de anima tradere conabimur. Inter placita
sane Pythagoræ & Platonis, celeberrimum est,
quod sentiunt animam immortalem esse, cui &
alas Plato rationem attribuit. Quis ergo istud
primus decrevit? Homerus, qui inter alia &
hæc dicit, Ast anima ex membris volitat Pluto-
nis in ædeis. In obscurum inquam, & inconf-
picuum locum, sive quis hunc aëreum, sive sub-
terraneum existimet. Atque in Iliade quidem Pa-
trocli animam dormienti Achilli assistere fingit;
Umbra Menœtiadæ visa est mihi adesse miselli.
Sermocinationem quoque ei affingit, in qua inter
alia hoc dicit, Me prohibent alii manes transmit-
tere flumen. In Odyssea vero quid aliud in omnibus funeribus demonstrat, quam quod animæ
post mortem superstites sint & quum de sanguine
biberint, loquantur. Norat enim sanguis, pastus &
cibus sit spiritus, spiritus vero ipsa anima, seu
animæ vehiculum. In Vita Homeri, apud O-
puscul. Mith. Phys & Ethices, pag. 341. Edit.
Amstælod. 1688. Henr. Westinii.*

Tome III.   C

l'Odiſſée, *Homère* dit encore que les ames ſubſiſtent après la mort, & qu'elles ſont ſenſibles aux honneurs funèbres qu'on leur rend; il ajoute qu'après avoir gouté du ſang des victimes, elles parlent de nouveau. C'eſt-là une allégorie qui contient la doctrine de la Métempſychoſe, ou de la tranſmigration des ames. *Homère* ſavoit que le ſang étoit la ſubſtance qui ſervoit, pour ainſi dire, de nourriture à l'eſprit lorſqu'il étoit dans le corps: ainſi dès que l'ame étoit renourrie par le ſang, elle recommençoit de joüir des facultés attachées à la vie, & recouvroit la parole.

Dans pluſieurs autres endroits ce Poëte s'explique bien plus clairement ſur la Métempſychoſe, quand il fait parler les chevaux d'*Achille*, * qu'il leur accorde

* Τούτῳ δὲ ἕπεται καὶ ἕτερον δόγμα τοῦ πυθαγόρου, τὸ μεταβαίνειν τὰς ψυχὰς τῶν τελευτησάντων εἰς ἕτερα σωμάτων εἴδη. ἀλλ' οὐδὲ τοῦτο τῆς Ὁμήρου διανοίας ἐκτός ἐσιν. ὁ γὰρ ποιήσας τὸν ἕκτορα τοῖς ἵπποις διαλεγόμενον, καὶ τὸν ἀντίλοχον, καὶ αὐτὸν τὸν Ἀχιλλέα, καὶ μὴ ὅτι διαλεγόμενον, ἀλλὰ καὶ ἀκούοντα, καὶ τὸν κύνα πρὸ τῶν ἀνθρώπων, καὶ τῶν οἰκείων ἐπιγινώσκοντα τὸν Ὀδυσσέα, τί ἄλλο ἢ τὴν κοινωνίαν τοῦ λόγου, καὶ

de le don de prédire l'avenir. N'est-ce pas
dire clairement que l'ame des bêtes est raisonnable, & de la même nature que celle
des hommes? Ce n'est pas la seule fois
qu'*Homère* donne de la connoissance &
de la raison aux animaux, *Ulisse* dans l'O-
dissée est plûtôt reconnu par son chien que
par ses domestiques & ses amis. La punition de ceux qui avoient dévoré les vaches
du

καὶ συγγένειαν τῆς ψυχῆς τῶν ἀνθρώπων καὶ
τῶν ἄλλων ζώων παρίστησι; καὶ οἱ τὰς βοῦς
τοῦ ἡλίου καταφαγόντες, καὶ εκ τούτων
ὀλέθρῳ περιπεσόντες, ἐλέγχουσιν ὅτι οὐ
μόνον βόες, ἀλλὰ καὶ πάντα τὰ ἄλλα
ζῶα, ὡς τῆς αὐτῆς φύσεως ζωτικῆς μετέχον-
τα, τιμᾶται ὑπὸ τῶν θεῶν.

*Huic vero & aliud Pythagoræ dogma consen-
taneum est, quod scilicet defunctorum animæ in
alias corporum species transeant. Id quod nec
Homerum latuit. Dum enim Hectorem, Anti-
lochum, & Achillem equis colloquentem (imo
non tantum colloqui, sed etiam auscultare) denique Ulyssem prius a cane, quam ab hominibus
adeoque familiaribus agnitum finxit, quid aliud
quam rationis commercium, & animæ cogna-
tionem inter homines, ac reliqua animantia insi-
nuat? Ad hæc qui Solis vaccas devoraverant, &
sibi exitium accersiverant, argumento sunt, quod
non tantum boves, verum etiam reliqua animantia (quippe eandem vivendi naturam habentia)
a Diis in precio habeantur. Id. Ibid. pag. 343.*

du Soleil, signifie que tous les êtres qui jouïssent de la vie, sont également chers aux Dieux.

Les explications que je donne à certains passages d'*Homère*, doivent d'autant moins être rejettées, que les Anciens les ont interpretées de même, & que je ne fais que repeter ce qu'ils ont dit, & ce qu'ils nous ont appris dans leurs Ouvrages. Le même Auteur que je prens pour mon garant, cite encore un endroit plus décisif sur ce sujet que tous les autres; c'est celui où il est fait mention de la métamorphose des compagnons d'*Ulisse*. * Leur changement en pourceaux signifie que les ames des hommes imprudens & vicieux seront obligées d'animer les corps des animaux les plus immondes.

Je

---

* Καὶ τὸ μεταβάλλειν δὲ τοὺς ἑταίρους τοῦ Ὀδυσσέως εἰς σύας, καὶ τοιαῦτα ζῶα, τοῦτο ἀινίττεται, ὅτι τῶν ἀφρόνων ἀνθρώπων αἱ ψυχαὶ μεταλλάττουσιν εἰς εἴδη σωμάτων θηριωδῶν, ἐμπεσοῦσαι εἰς τὴν τοῦ παντὸς ἐγκύκλιον περιφοράν, ἣν Κίρκην προσαγορεύει.

Mutatio autem sociorum Ulyssis in sues, & ejusmodi animalia, sub verborum involucro significat, quod imprudentium hominum animæ, in belluinorum corporum species mutentur, quum in universi orbicularem circumferentiam (quam Circen appellat) inciderint. Id. ibid. pag. 343.

Je pourrois rapporter encore, si je voulois, cher Sioeu-Tcheou, un nombre infini de passages d'*Homère*, qui montreroient que la doctrine de la Métempsychose a été non seulement connue, mais même établie par ce Poëte. On peut donc dire que nous n'en connoissons point de plus ancienne chez les Européens, puisque les Auteurs Grecs sont les plus vieux qui nous restent aujourd'hui parmi ceux qui ont vécu en Europe, & qu'*Homère* est le premier de tous les Grecs dont on ait encore les Ecrits. Je conviens que le Législateur des Juifs vivoit avant ce Poëte; mais il étoit Egyptien, né dans une autre partie du Monde. Cela ne détruit point ce que j'ai établi comme un fait constant, que la plus ancienne doctrine qu'on ait en Europe sur les ames, admet leur transmigration; il est aussi évident que c'est la première que nous sachions avoir été en vogue en Afrique & en Asie. Les Egyptiens qui vivoient avant *Moïse*, en avoient fait un point essentiel de leur Théologie, & dans tout l'Orient on ne se souvient pas que dans l'immense étendue des siècles qui se sont écoulés, personne, avant l'arrivée des Chrétiens, se fût avisé de nier la transmigration des ames, excepté quelques Lettrés Chinois, qui dans ces derniers tems, permets-moi de le dire, abusant de l'obscurité de certains endroits des Ecrits de *Confucius* & des Livres Canoniques, ont non seulement nié l'immortalité de l'ame; mais même

me

me l'exiſtence du premier Etre intelligent.

Je te parlerai à cœur ouvert, cher Sioeu-
Tcheou, je ſuis très porté à croire la Métempſychoſe, & dès qu'on admet l'exiſtence
d'une Intelligence qui régle & qui gouverne cet Univers, je penſe qu'il n'eſt aucune
opinion plus senſée que celle-là ſur la nature de l'ame. Elle eſt d'abord la plus ancienne, & la première établie parmi les
hommes; ſa vieilleſſe forme un préjugé
conſidérable en ſa faveur. N'eſt-il pas naturel qu'un ſentiment, reçu depuis tant de
ſiécles, & qui s'eſt perpétué chez preſque
toutes les Nations, doive être préféré à de
nouvelles Croiances que nous voions naître, pour ainſi dire, dans nos jours? Ce
conſentement univerſel, qui n'a point été
alteré pendant ſi long-tems, ſemble prouver que les hommes avoient, pour ainſi
dire, une connoiſſance innée de la Métempſychoſe, & qu'ils l'ont étouffée par
les erreurs qu'ils ont embraſſées.

Les Pythagoriciens & les Platoniciens
faiſoient une objection qui me paroît
auſſi forte que tout ce qu'on répond pour
combattre leurs ſentimens. *Si les ames, di-
ſoient-ils, * ne retournent point dans d'autres

---

* Εἰ γὰρ μὴ πάλιν αἱ ψυχαὶ εἰς σώματα
φέροιντο, ἀπείρους εἶναι, ἢ τὸν Θεὸν ἀεὶ
ἑτέρας ποιεῖν. ἀλλ᾽ οὐδὲ ἄπειρόν τι ἐν τῷ
κόσ.

tres corps, il faut, ou que leur nombre soit infini, ou que la Divinité en crée continuellement un nombre prodigieux. Il ne peut y avoir aucun infini dans le Monde; car dans un être fini & borné il est impossible qu'aucune infinité puisse subsister. Il ne peut aussi se faire une création journalère d'ames, parce que tout ce dans quoi on fait quelque chose de nouveau, doit être imparfait, puisqu'il y avoit encore quelque chose qui manquoit, ou qui pouvoit y être ajouté. Or, le Monde ne sauroit être imparfait, aiant été créé par une Intelligence parfaite, souverainement puissante. Il est absurde de supposer que l'imperfection puisse émaner de la souveraine perfection; donc la

κόσμῳ· ἐν γὰρ πεπερασμένῳ ἄπειρόν τι οὐκ ἂν γένοιτο. οὐδὲ ἄλλως γίνεσθαι δυνατόν· πᾶν γὰρ ἐν ᾧ τι γίνεται καινὸν, καὶ ἀτελὲς εἶναι ἀνάγκη. τὸν δὲ Κόσμον, ἐκ τελείου γενόμενον τέλειον εἶναι προσήκει.

Etenim, si non denuo animi in corpus recurrunt, infinitos esse necesse est; aut Deum continuo alios atque alios procreare. Sed nullum infinitum in Mundo, in finito enim nullum infinitum unquam existet. Sed nec alios edi fieri potest; quodcumque enim, in quo novum aliquid fit, imperfectum necessario erit verum Mundum a perfecto produ&ctum perfectum esse oportet. Salust. Philosop. de Diis & Mundo, Cap. XX. pag. 270.

la création des nouvelles ames est impossible, donc elles doivent passer successivement d'un corps dans un autre.

Que les adversaires de la Métempsychose répondent ce qu'ils voudront, ils ne résoudront jamais évidemment ces difficultés; car lorsqu'ils disent qu'il est ridicule de supposer * que les ames sont toujours attentives à pouvoir se saisir de quelque corps, & qu'il doit arriver qu'elles ont disputé quelquefois sur la préference qu'elles exigent sur les autres, pensent-ils résoudre par des plaisanteries les fortes & pressantes objections qu'on leur fait? Quelle impossibilité y a-t-il que Dieu ait pû régler par les loix générales qu'il a établies dans le Monde, l'ordre que devoient observer les ames dans leur transmigration, puisqu'il est certain qu'il agit toujours par les voïes les plus simples? N'est-il pas plus naturel de supposer qu'il a établi une fois pour toutes une règle générale, que de

* *Denique connubia ad Veneris partusque fe-*
  rarum
Esse Animas præsto deridiculum esse videtur:
Et spectare immortales mortalia membra
Innumero numero, certareque præproperanter
Inter se, quæ prima potissimaque insinuetur:
Si non forte ita sunt Animarum foedera pacta,
Ut, quæ prima volans advenerit, insinuetur
Prima; neque inter se contendant viribus hilum.
Lucret. de Rer. Nat. Lib. III. vers. 777. & seq.

de prétendre qu'il créé de nouvelles ames
à chaque inftant? Il faut que fans ceffe il
foit occupé à fuivre dans ces créations les
mouvemens de la concupifcence des hommes. Dans quelle opinion y a-t-il plus de
difficulté, dans celle qui foumet la Divinité à fuivre les ordres de la Nature, ou dans
celle qui foumet les ames à fe conformer
aux règles générales que leur a prefcrites
la Divinité? Bien loin que les ames fe difputent entre elles le droit d'animer un
corps, elles attendent dans le lieu où elles
font détenues, le moment de leur tranf-
migration. Il y en a des millions, toujours
prêtes à entrer dans de nouveaux corps;
mais ce n'eft que lorfqu'elles doivent y
paffer par l'ordre & par la règle établie
dans toute l'éternité antérieure, & qui fub-
fiftera également dans la future.

JE demande à ceux qui veulent que la
Métempfychofe ne puiffe avoir lieu, quelles punitions ils impofent aux ames criminelles? Ils me répondront, les uns, qu'ils
les condamnent au feu; les autres, qu'ils les
mettent dans des cachots obfcurs; enfin ils
inventeront tous les fupplices qui leur paroî-
tront les plus forts. Malheureufement aucun ne fera propre à la nature des ames, &
ne pourra s'accommoder avec fon effence;
au lieu que ceux qu'impofe la Métempfychofe, font directement conformes aux fujets auxquels on veut les faire fervir. L'ex-

C 5

pé-

périence nous montre que l'ame prend part
à toutes les infortunes & à toutes les douleurs que souffre le corps : ainsi, en paf-
fant de celui d'un homme dans celui d'un
cheval de poste, elle essuie dans ce dernier les peines qu'elle a méritées dans le
premier ; mais l'ame seule, & dénuée du
corps, est incapable de souffrir. Ce qui
est incorporel est à l'abri de la dissolution, quoiqu'il soit au milieu des flam-
mes, & ce qui est à l'abri de la dissolution ne sauroit être sensible aux coups
& aux impulsions des corps, & ne
peut ressentir aucune sensation de douleur,
donc l'ame, qui est une substance déliée,
subtile, incorporelle & indissoluble, ne
sauroit être punie par les prétendues peines que lui imposent ceux qui nient sa
transmigration. Les anciens Docteurs
Chrétiens sont convenus de bonne foi de
cette vérité, & voulant ne point admettre
la Métempsychose, ils ont été forcés de
faire l'ame corporelle * & mortelle; en
for-

* *Et quis erit tam brutus & rerum consequen-*
tia nesciens, qui animis incorruptibilibus cre-
dat, aut tenebras tartareas posse aliquid nocere,
aut igneos fluvios, aut cænosis gurgitibus palu-
des, aut rotarum volubilium circumactus? Quod
ei in contiguum non est, & ab legibus dissolu-
tionis amotum est, licet omnibus ambiatur flam-
mis torrentium fluviorum, illibatum necesse est
permaneat & intactum, neque ullum sensum
mortifera passionis assumere. Arnob. Lib. II.
adverf. Gentes.

forte qu'elle étoit peu à peu détruite par les supplices qu'elle souffroit.

VOILA', cher Sioeu-Tcheou, les erreurs où sont tombés les adversaires de la doctrine de la transmigration. N'ôsant nier qu'il étoit impossible qu'une substance à l'abri de la dissolution, pût souffrir par l'impulsion d'une matière périssable, & d'une nature bien moins parfaite que la sienne, ils ont admis la mortalité de l'ame, l'erreur la plus grossière & la plus pernicieuse à la Société. Ceux qui sont venus après ces Docteurs, s'appercevant combien il étoit dangereux de donner à l'ame une nature mortelle, & qui étoit détruite par les punitions qu'elle souffroit, ont voulu soutenir que le feu & les autres Elemens pouvoient lui causer des sensations lorsqu'elle étoit hors du corps. Mais quelles preuves ont-ils apportées pour soutenir une opinion aussi extraordinaire? Aucunes que des assertions magistrales, qui peuvent bien contenter ceux chez qui l'autorité tient lieu de raison, mais non pas ceux qui demandent de l'évidence, ou pour le moins de la vraisemblance.

ETABLISSONS donc, cher Sioeu-Tcheou, comme un point certain, que la justice de Dieu exigeant que les ames criminelles soient punies, la Métempsychose est la voie la plus simple & la plus naturelle.

PORTE-toi bien.

De Nagasaki, le . . . .

L E T-

LETTRE SOIXANTE-DIXIEME.

Kicou-Che, à Sioeu-Tcheou.

IL me reste encore, cher Sioeu-Tcheou, pour achever de te communiquer ce que j'ai à t'apprendre sur la Religion de *Buds*, à montrer cette conformité que je t'ai dit y trouver dans mes précédentes Lettres avec certain point du Christianisme. Je ne doute pas que les Budoïstes n'aient reçu ces opinions par le commerce qu'ils ont eu il y a plusieurs siécles avec quelques Européens, qui sans doute passerent dans les Indes pour y établir leur Religion, & qui, n'aiant pû en venir à bout, en laisserent cependant quelque semence qui a été recueillie par les Bramins qui en ont fait usage, & l'ont mêlée avec celle de plusieurs autres doctrines qu'ils ont alliées & confues avec les opinions de *Buds* leur Législateur. C'est-là le sentiment d'un Auteur Européen, * qui a écrit une excellente histoire du Japon.

Tu dois te rappeller que j'ai remarqué dans une de mes dernières Lettres que la doctri-

* Kemper, *Vol. Liv. III. Chap. VI. pag.* 18.

doctrine qui établit *Amida*, Divinité Japonoise, médiateur entre *Buds* & les ames, qui lui accorde le droit de purger de leurs fautes celles qui en font encore fouillées, n'a été introduite par les Bramins que plufieurs années après la mort du Légiflateur des Chrétiens. Or, je ne doute point qu'elle ne foit prife de la Religion qu'il a établie. Les Chrétiens fes difciples le regardent également comme leur médiateur, ils le confidérent comme une émanation de la nature divine, ou plûtôt ils l'égalent au Dieu fuprême, dont il eft lui-même une partie.

Les Indiens n'ont parlé de leur *Amida* qu'après que les difciples du Légiflateur des Chrétiens s'étoient répandus dans toutes les parties de l'Univers pour y prêcher la doctrine de leur maître. N'eft-il pas vifible que les Bramins, trouvant l'opinion qui admet un médiateur de leur goût, l'ont adoptée, & n'ont fait que l'accommoder à leur Religion? Si j'avois été à leur place, j'aurois fait de même qu'eux, & je penfe qu'il eft très raifonnable de prendre des autres peuples les fentimens, ou les coutumes qui font utiles au bien de la Société. Or, je trouve que la doctrine qui admet un médiateur entre les ames & la Divinité, eft très fenfée. Tu fais que j'ai fouvent loüé nos amis les Miffionnaires de foutenir cette opinion. On ne fauroit trop accoutumer les hommes

à

à connoître combien peu ils méritent par eux-mêmes : en leur montrant toute l'étendue de leur misère, en leur faisant sentir le peu qu'ils peuvent, on les accoutume à se défier de leur amour propre, on les empêche de compter sur le secours de ces prétendues bonnes œuvres, qui, ordinairement ne partant que de la crainte ou de l'intérêt, se ressentent de leur principe.

La doctrine d'un médiateur, qui est Dieu lui-même, apprend aux hommes à aimer l'Etre suprême, & tourne le cœur des créatures vers le Créateur. C'est cet amour seul qui peut rendre les foibles mortels véritablement vertueux ; sans lui, toutes les actions qu'ils font ne sont que des œuvres serviles, qui partent d'un esclave que la crainte seule fait agir.

Il seroit à souhaiter pour le bien de tout l'Orient, que les Bramins eussent encore profité de tant d'autres préceptes que les Chrétiens leur fournissoient, & qu'ils ne se fussent pas contentés de deux ou trois qu'ils ont reçus. Quant à moi, cher Sioeu-Tcheou, tu sais que dès que j'ai cru apercevoir la vérité dans les discours de nos amis les Missionnaires, j'en ai profité avidement ; notre cher Yn-Che-Chan a fait de même. Mais permets-moi de te le dire, soit par la force des préjugés, soit par entêtement, soit enfin que l'Etre suprême, le *Tien* qui con-

conduit nos esprits, qui gouverne nos cœurs, n'ait point encore voulu t'éclaircr, tu restes toujours dans les pernicieuses opinions des nouveaux Commentateurs, & tu sembles même chercher à t'y affermir. Tu ramasses avec soin tous les argumens subtils & trompeurs qui favorisent tes opinions, tu les fais servir à éluder les objections présentes que te font tes amis, fâchés de te voir dans l'erreur. S'ils te parlent d'une proposition qui ne s'accorde pas avec tes principes, tu songes beaucoup moins à pénétrer ce qu'ils te disent, qu'à imaginer des raisons pour le combattre. Tel est l'effet que la préoccupation produit sur l'esprit de ceux qui sont trop entêtés de leurs opinions, & qui, pour ainsi dire, ont résolu de ne jamais se desabuser, qui seroient même fâchés de l'être.

J'AI remarqué, cher Sioeu-Tcheou, que toutes les personnes qui sont attachées sans réserve à une Secte, ou à une doctrine particulière, sont incapables de vouloir chercher la vérité. Ils supposent si fortement qu'elle est de leur côté, qu'ils ne pensent pas un seul instant à examiner si elle ne pourroit pas être de celui de leurs adversaires.

LES Européens ne sont pas moins opiniâtres que les Orientaux, & dans les disputes de Religion entre les Anglois & nos Missionnaires, j'ai toujours apperçu

çu un entêtement mutuel qui passe l'imagination. Je les ai vûs, soit les uns,
soit les autres, nier avec une audace infinie les choses les plus claires & les plus
évidentes, parce qu'elles pouvoient porter
préjudice à leurs opinions. Quelquefois
leurs distinctions ridicules m'irritoient. Nos
Missionnaires sur-tout croient fort embar-
rasser par-là les Anglois: rien ne m'a plus
fait connoître le foible de la plûpart des
opinions des Européens, que ces disputes de
controverse; elles découvroient si bien leurs
défauts, que la fin du démêlé des Européens
étoit pour moi un éclaircissement parfait,
quoiqu'ils persistassent opiniâtrement dans
leur opposition.

Je me rappelle qu'un jour un de nos
Missionnaires prouva évidemment à un Anglois que s'il étoit vrai que l'Eglise, repré-
sentée par les Conciles, eût pû se tromper,
les promesses, faites à cette Eglise dans
les Livres Canoniques, devoient être fausses. L'Anglois prouva à son tour, & prouva clairement que l'Eglise pouvoit non
seulement se tromper, mais qu'elle s'étoit
trompée. Lorsqu'après avoir beaucoup crié,
las de parler, ils furent obligés de se taire l'un
& l'autre, je ne pus m'empêcher de leur
dire d'un air moqueur: *Mes bons Amis,*
votre dessein est de m'éclairer & de me faire
embrasser votre Croiance; vous avez parfaite-
ment réussi dans un point, mais non pas dans

l'aul'autre. Je suis parfaitement éclairci sur les faits dont vous disputez, & plus résolu que jamais à ne point embrasser une doctrine dont les fondemens sont aussi incertains. Vous, mon cher Jésuite, vous m'avez parfaitement convaincu que si votre Eglise en corps peut se tromper, on ne peut avoir aucune certitude de la vérité, puisqu'il n'y a pas apparence qu'un ou deux particuliers puissent être plus assûrés de la trouver, que tous les plus grands Théogiens réunis ensemble. Vous, mon cher Anglois, vous m'avez démontré par des preuves & des faits que l'Eglise s'étoit trompée, & que des Conciles avoient condamné, comme des erreurs, les mêmes choses que d'autres avoient soutenu devoir être regardées comme des articles de foi. Tous les raisonnemens Théologiques & Métaphysiques ne peuvent point tenir contre l'expérience. Voiez à présent quel est le parti que le bon sens & la raison m'ordonnent de prendre; jugez vous-mêmes si je ne dois pas conclure que votre doctrine est très incertaine, pour ne rien dire de pis. Voici le raisonnement que la lumière naturelle me dicte. Il est prouvé par un habile Missionnaire que si l'Eglise Chrétienne peut se tromper, on ne peut plus compter sur les vérités es Livres Canoniques, & qui doivent égler la foi. Il est démontré par un Savant nglois que l'Eglise Chrétienne s'est trompée pendant plusieurs siécles, & dans un nombre infini d'occasions. Je conclus de ces deux émonstrations que l'on ne doit point comp-

ter sur la vérité des Livres Canoniques.
Mes deux controversistes, cher Sioeu-
Tcheou, furent un peu surpris de mon
raisonnement. Ils voulurent chacun me
prouver en particulier que son adversaire
aiant tort, je n'étois point fondé dans ma
conclusion; mais je soutins toujours qu'ils
m'avoient fermement persuadé l'un & l'autre, & que n'aiant aucun intérêt personnel à
juger en faveur de l'un plûtôt qu'en faveur
de l'autre, je leur rendois également justice
à tout les deux. Je ne doute point qu'il n'y
ait beaucoup d'Européens qui raisonnent
comme moi, & qui, voiant l'incertitude qui
regne dans les disputes de leurs controversistes, les subterfuges, les vaines distinctions,
& souvent la dissimulation dont ils usent,
ne concluent que toutes les doctrines Européennes, à qui veut les examiner de sang
froid & sans préjugés, doivent paroître
d'excellentes leçons de Pyrrhonisme.

Un Négociant Hollandois, homme de
beaucoup d'esprit, à qui je parlois un jour
des fréquentes disputes des Théologiens,
me répondit sur cet article avec beaucoup
de jugement, & tous les Européens qui
s'égorgent si souvent pour des questions
qu'ils n'entendent point, seroient heureux
s'ils pouvoient penser ainsi que lui. ,, No-
,, tre Religion, me dit-il, est sans doute
,, la plus sage & la plus sainte de l'U-
,, nivers. Notre morale est si belle &
,, si

,, ſi pure, qu'elle ne peut avoir été dic-
,, tée aux hommes que par un Dieu.
,, D'ailleurs, les preuves qui conſtatent
,, les premiers miracles de notre Reli-
,, gion, ſont ſi authentiques, que lorſqu'on
,, eſt inſtruit des fondemens ſur leſquels
,, a été élevé le Chriſtianiſme, il eſt im-
,, poſſible, ſi l'on ne veut pas s'aveugler
,, ſoi-même, de ne point voir que de ſim-
,, ples hommes, ſans un ſecours du Ciel
,, tout particulier, n'auroient pû faire ce
,, qu'ont fait les diſciples de notre auguſte
,, Légiſlateur.

,, Toutes les autres Religions du Mon-
,, de ſe ſont établies, ou par la force, ou
,, par la douceur des commodités qu'elles
,, procuroient à ceux qui les embraſſoient.
,, Mais quels ſont ceux qui les premiers ont
,, fondé & prêché le Chriſtianiſme? Quel-
,, ques miſerables pêcheurs, qui peu au-
,, paravant n'avoient d'autres connoiſſan-
,, ces que celles qu'ont ordinairement les
,, gens de leur état. Cependant tout-à-coup
,, ils parlent aux perſonnes les plus éclai-
,, rées, ils les inſtruiſent, ils les perſuadent,
,, ils diſputent contre les Philoſophes qui
,, juſqu'alors avoient paſſé pour les plus
,, célèbres, ils les réduiſent au ſilence. Hé
,, quoi! n'y a t-il rien dans tout cela de ſur-
,, naturel, n'y voit-on pas des marques é-
,, videntes de la puiſſance divine? Il faut
,, être privé du ſens commun pour le nier,

D 2

,, ou

,, ou bien avoir résolu de rejetter les véri-
,, tés les plus évidentes. Mais peut-être est-
,, il faux que la Religion Chrétienne n'ait
,, eu d'autres prédicateurs dans ses com-
,, mencemens que ces pauvres pêcheurs;
,, des Rois, des Princes, des Seigneurs en
,, ont fomenté l'établissement. L'antiqui-
,, té entière n'a qu'une seule voix sur cet
,, article : dans tous les autres points pres-
,, que toujours différente & en desaccord
,, avec elle-même, dans celui-là perpétuel-
,, lement uniforme. Hé! quels sont les
,, Savans, les gens de distinction qui au-
,, roient pû travailler à l'établissement du
,, Christianisme? Seroit-ce les Pharisiens,
,, les Docteurs de la Loi des Juifs? Ces
,, gens-là en étoient les ennemis mortels.
,, Les Romains, les Grecs auroient-ils fa-
,, vorisé cette nouvelle doctrine? Ils mé-
,, prisoient souverainement ceux qui la prê-
,, choient, ils étoient accoutumés à con-
,, sidérer les Juifs comme des gens vils &
,, presque infâmes. Ils firent bien-tôt plus
,, que de les méprise & de les persé-
,, cuter, ils les mirent dans des cachots
,, obscurs, ils les firent mourir. Leurs
,, Historiens, qui dans un pareil fait ne
,, peuvent être en aucune manière regardés
,, comme suspects, nous apprennent eux-
,, mêmes les supplices dont on les punit.

,, Il ne reste donc aucune ressource, il
,, faut convenir que le Christianisme a été
,, établi par des pêcheurs. Il faut aussi a-
,, voüer

„ voüer qu'il y a eu quelque chofe de divin
„ dans leurs miffions, puifqu'ils ont amené
„ à leur fentiment un nombre infini de
„ gens, devant lefquels peu de jours au-
„ paravant à peine auroient-ils ôfé pronon-
„ cer deux paroles. Qu'annonçoient-ils
„ d'ailleurs à ceux qu'ils inftruifoient? Des
„ plaifirs, des richeffes, des moïens pour
„ vivre dans l'abondance? Tout au con-
„ traire, des mortifications, l'amour de la
„ charité & de la pauvreté, l'abandon des
„ biens, le pardon des offenfes, la chafteté,
„ la fobriété, enfin tout ce qui peut anéan-
„ tir les paffions, les foumettre & les vain-
„ cre. Malgré l'auftérité & la rigidité de
„ leur morale, ils perfuadent cependant.
„ A quoi donc peut-on attribuer le don
„ qu'ils ont? Qu'on en cherche par-tout
„ la caufe, on ne la trouvera que dans u-
„ ne volonté immédiate du Ciel; preuve
„ évidente & claire de la vérité du Chrif-
„ tianifme.
„ Si nos Théologiens euffent confervé
„ l'efprit de leurs premiers maîtres, fi con-
„ tens d'inftruire les peuples dans la Reli-
„ gion, ils ne fe fuffent point occupés à
„ agiter des queftions auffi inutiles que di-
„ ficiles à éclaircir, la vérité du Chriftia-
„ nifme, dont les preuves fondamentales
„ font fi claires, n'auroit jamais été obf-
„ curcie; elle eût paru dans tout fon jour.
„ Mais les miférables difputes qui ont com-

D 3

„ men-

„ mencé presque aussi-tôt que les premiers
„ Hommes Apostoliques furent morts, ont
„ enfin réduit les choses à un point si pi-
„ toiable, que chaque siécle a vû naître
„ dans le Christianisme cinq à six sectes
„ différentes. Il n'y a aucune apparence
„ qu'à l'avenir les choses changent: les
„ hommes, & sur-tout les Ecclésiastiques,
„ sont également portés à la dispute, & nos
„ neveux seront encore plus divisés parmi
„ eux que nous ne le sommes aujourd'hui.
„ Cependant toutes les disputes ne font
„ rien au véritable Christianisme, il n'en
„ est ni moins vrai, ni moins saint. Dites-
„ moi, vous êtes persuadé de l'existence
„ d'un seul Dieu qui régit & qui gouverne
„ cet Univers, vous connoissez l'immense
„ puissance du *Tien*, plusieurs Nations &
„ beaucoup de vos compatriotes nient &
„ défigurent cette vérité, les uns multi-
„ plient la Divinité en plusieurs Dieux, les
„ autres n'en admettent point l'existence,
„ toutes ces erreurs nuisent-elles en rien à
„ la nature divine? Non sans doute, &
„ vous en convenez. Appliquez cet e-
„ xemple au Christianisme: les erreurs dif-
„ férentes, les disputes, les controverses,
„ les crimes, si vous voulez de nos Théo-
„ logiens, ne font rien à sa vérité; il est
„ toujours aussi pur, aussi véritable qu'il
„ l'a été dans ses commencemens. Heu-
„ reux sont ceux, qui, méprisant tous les
„ vains

„ vains fophifmes de ces hommes turbu-
„ lens & modernes, vont puifer dans le fi-
„ lence & dans la paix, la vertu, la Reli-
„ gion & la fageffe dans les Ecrits que
„ nous ont laiffés nos premiers Légifla-
„ teurs, & ne s'embarraffent point de tou-
„ tes les obfcures difputes Théologiques!

JE t'avoue, cher Sioeu-Tcheou, que quoiqu'il y ait bien des chofes à dire fur le difcours de cet Hollandois, & que fa Religion paroiffe beaucoup plus incertaine qu'il ne le penfe, à ceux qui l'examinent d'un œil Philofophique, fans préjugés & fans amour propre; cependant fi tous les Chrétiens parloient comme lui, je ne puis te diffimuler que je me fentirois beaucoup plus difpofé à recevoir leurs opinions que je ne le fuis, lorfque je confidére la manière dont les uns condamnent ce que les autres approuvent.

PORTE-toi bien, & que le *Tien*, diffipant un jour tes erreurs, puiffe t'éclairer & te faire connoître fon exiftence ?

De Nagafaki, le . . .

D 4

LETTRE SOIXANTE-ET-ONZIEME.

Kieou-Che, à Sioeu-Tcheou.

LA secte du *Suintos*, c'est-à-dire celle des Philosophes qui suivent les préceptes de la morale de *Confucius*, est, comme tu peus le penser, cher Sioeu-Tcheou, composée par ce qu'il y a de plus sensé & de plus vertueux parmi les Japonois. Cependant elle étoit autrefois beaucoup plus nombreuse, & le culte superstitieux des Idoles a prévalu, & prévaut tous les jours sur la doctrine du plus sage & du plus éclairé des mortels.

Les Sectateurs de *Confucius* sont divisés entre eux au Japon, ainsi qu'ils le sont à la Chine, & les différentes opinions qui séparent les uns, sont les mêmes que celles qui désunissent les autres. Les Philosophes Japonois disputent précisément sur les matières qui sont si vivement agitées par nos Lettrés. Le plus grand nombre, il est vrai, & je te l'avoüe à la confusion de l'esprit humain, suit les opinions des nouveaux Commentateurs. Ces Philosophes admettent une ame répandue dans tout l'Univers, qui anime tous les êtres, qui les produit & les
re-

reçoit alternativement dans son sein, comme la mer reçoit toutes les rivières qui s'y jettent de tous les endroits du Monde, & leur fournit ensuite de nouvelles eaux par des routes inconnues. Cette ame de l'Univers agit sans connoissance; elle a de tout tems vivifié tous les êtres, & continuera de même, ce qui aiant été de tout tems ne pouvant périr, ni être sujet à la dissolution. Enfin, cher Sioeu-Tcheou, ces Philosophes Japonois soutiennent le même systême que celui de tes confreres, que tu n'as que trop étudié. Les autres au contraire croient, ainsi que nos Lettrés attachés uniquement au texte des Ouvrages de *Confucius,* un Etre suprême, intellectuel, qui gouverne & dirige l'Univers, qui l'a formé, quoique la matière dont il est composé, sût coéternelle avec lui, & cependant dépendante de sa toute-puissance.

Les divers sentimens de ces Philosophes ont été soutenus par les anciens Grecs. On n'a pas moins été divisé en Europe à leur sujet il y a deux mille ans, que nous le sommes aujourd'hui dans l'Orient: preuve évidente, mais bien triste, du peu de progrès que les hommes font dans la connoissance de la vérité; à peine vingt siécles suffisent-ils pour leur faire connoître les choses les plus agitées. Il y a encore actuellement chez les Européens bien des gens qui ne se sont point réunis au bon parti, & tu n'au-

ras

ras trouvé que trop de personnes à Paris
qui pensoient comme les sectateurs des
nouveaux Commentateurs. Je reviens, cher
Sioeu-Tcheou, à la ressemblance des opinions des anciens Grecs & des Japonois modernes. Les premiers, qui admettoient l'é-
ternité du Monde, se servoient des mêmes
raisons dont usent aujourd'hui les derniers.
„ Tout ce qui a eu un commencement,
„ disent-ils, & qui doit avoir une fin, doit
„ aussi éprouver nécessairement deux chan-
„ gemens: le premier, quand il passe d'un
„ état foible à un plus parfait, comme
„ lorsque du non-être il acquiert l'existen-
„ ce; le second, lorsqu'aiant atteint sa per-
„ fection, il périclite & devient sujet à la
„ dissolution. Si le Monde a été créé, il
„ faut donc qu'il ait passé d'un état défec-
„ tueux à un autre plus parfait, & il est
„ nécessaire qu'un jour il tombe de cet état
„ de perfection dans un autre qui causera
„ sa destruction. D'ailleurs, toutes les
„ choses créées croissent jusqu'à un certain
„ point, s'affaissent & diminuent ensuite;
„ c'est un fait prouvé par des expériences
„ journalières. L'esprit même donne des
„ marques qu'il est sujet, ainsi que les au-
„ tres substances, à ces loix générales: il
„ a son enfance, sa maturité & son déclin;
„ mais l'on ne voit point que le Monde
„ donne aucune marque qu'il arrive dans
„ lui aucun changement. Il n'est point de-
„ venu

,, venu par parfait depuis le tems où l'on
,, prétend qu'a été faite sa création, il n'a
,, point aussi diminué, ni essuié aucune dis-
,, solution : il est toujours tel qu'il a été, il
,, sera donc toujours le même ; il doit n'a-
,, voir eu aucun commencement, il n'aura
,, point de fin. ”

JE ne m'arrêterai point, cher Sioeu-
Tcheou, à examiner la justesse de ce raisonnement, il me suffira de te faire remarquer qu'il n'a rien de nouveau, & que les
Grecs l'ont emploié * très souvent. Je
viens actuellement au système des autres
Lettrés Japonois, que je considére comme véritables disciples de *Confucius* Ils
disent

* Τὸ δέ γε ὅλον καὶ τὸ πᾶν, οὐδὲν
ἡμῖν ἐξ αὐτοῦ παρέχεται τεκμήριον τοιοῦτον.
οὔτε γὰρ γενόμενον αὐτὸ εἴδομεν, οὔτε μὲν
ἐπὶ (τὸ) βέλτιον καὶ τὸ μεῖζον μεταβάλλον,
οὔτε χεῖρον ποτὲ ἢ μεῖον γενόμενον· ἀλλ' ἀεὶ
κατὰ τ' αὐτὸ καὶ ὡσαύτως διατελεῖ, καὶ
ἴσον καὶ ὅμοιον αὐτὸ ἑαυτοῦ.

*Verumenimvero totum, & universum hoc,
nullum ex se nobis hujusmodi indicium præbet,
neque enim oriri ipsum unquam vidimus, nec
melius aut majus fieri, nec certe deterius aut minus evadere : sed unum semper & idem permane-
re, sibique par & sui simile semper existere. O-
cellus Lucanus Philosop. de Universi natura.
Cap. I. pag. 107. in Opuscul. Mythol. Physic,
Edit. 1688. Amstelod.*

difent précifément ce que les Pythagoriciens & Platoniciens foutenoient. Les modernes Philofophes Orientaux admettent un Etre fuprême qui a exifté dans tous les tems, qui a créé le Monde de la matière qui étoit auparavant dans le repos, & incapable de produire aucune fubftance. Ils penfent que ce Monde, qui pourroit être détruit fi Dieu le vouloit, ne le fera pas, parce qu'un Etre fouverainement parfait ne pouvant rien produire que de bien, ne fauroit vouloir renverfer fon ouvrage, cette conduite étant celle d'un Etre qui reconnoît quelque défaut dans ce qu'il a formé. C'eft-là précifément le fyftême des anciens Grecs Pythagoriciens. Entendons *Timæus Locrus*, des Ouvrages duquel *Platon* a fi fort profité; il s'expliquera prefque dans les mêmes termes qu'un Lettré Japonois.

SELON ce Grec, * avant que le Ciel fût

for-

---

* πρὶν ὦν ὠρανὸν γενέσθαι, λόγῳ ἤστην ἰδέα τε καὶ ὕλα, καὶ ὁ θεὸς δαμιουργὸς τῶ βελτίονος. ἐπεὶ δὲ τὸ πρεσβύτερον κάρρον ἐστὶ τῶ νεωτέρω, καὶ τό τεταγμένον πρὸ τῶ ἀτάκτω, ἀγαθὸς ὢν ὁ θεός, ὁρῶν τε τὰν ὕλαν δεχομέναν τὰν ἰδέαν καὶ ἀλλοιουμέναν, παντοίως μὲν, ἀτάκτως δὲ, ἐδεῖτ' ἐς τάξιν αὐτὰν ἄγεν, καὶ ἐξ ἀορίστων μεταβαλὰν, ἐς ὡρισμέναν καταστᾶσαι. ἵν' ὁμόλογοι ταὶ διακρίσεις τῶν σωμάτων γίγνοιντο, καὶ μὴ κατ'

αὐτό-

formé, Dieu, souverainement bon, voiant
que la matière étoit capable de recevoir u-
ne forme réglée, & qu'elle en prenoit même plusieurs d'elle-même, mais qui n'étoient
ni stables, ni bien ordonnées, résolut de
la

αὐτόματον τροπὰς δέχοιτο. ἐποίησεν ὦν τόν
δε τὸν κόσμον ἐξ ἁπάσας τᾶς ὕλας, ὅσον
αὐτὸν κατασκευάξας τᾶς τῶ ἔντῷ φύσιῷ,
διὰ τὸ πάντα τᾶλλα ἐν αὐτῶ περιέχεν, ἕνα,
μονογενῆ, τέλειον, ἔμψυχόν τε κỳ λογικόν·
(κρέσσονα γὰρ τάδε ἀψύχω κỳ ἀλόγω ἐσόν)
κỳ σφαιροειδὲς σῶμα τελειότερον γὰρ τῶν
ἄλλων σχημάτων ἦν τοῦτο. δηλεόμενος ὦν ἄρι-
σον γένναμα ποιῆν, τοῦτον ἐποίη θεὸν γεννα-
τόν, οὐ ποκα φθαρησόμενον ὑπ' ἄλλω αἰτίω,
ἔξω τῶ αὐτὸν συντεταγμένω θεῶ, εἴ ποκα
δήλετο αὐτὸν διαλύεν· ἀλλ' οὐ γὰρ τἀγαθῶ
ἐσιν ὁρμᾶν ἐπὶ φθορὰν γεννάματος καλλίσω.
διαμένει ἄρα, τοιόσδε ὦν, ἄφθαρτος κỳ
ἀνώλεθρος κỳ μακάριος. κράτισῷ δ' ἐσὶ. γεν-
νατῶν, ἐπεὶ ὑπὸ τῶ κρατίσω αἰτίω ἐγένετο,
ἀφορῶντῷ οὐκ εἰς χει ὀκματα παραδείγμα-
τα, ἀλλ' ἐς τὰν ἰδέαν καὶ ἐς τὰν νοατὰν
οὐσίαν·

Antequam igitur Coelum extaret, ratione erant
Forma & Materia, & quidem Deus ille erat
melioris opifex. Quandoquidem igitur antiquius
juniore præstantius est, & id quod ordinatum
est inordinato, Deus quum nimirum bonus sit, &
vi-

la réduire dans un ordre convenable & de fixer son état, en sorte que les différens corps séparés & distincts se répondissent les uns aux autres, & ne se confondissent plus dans la suite. Il forma donc le Monde, & prescrivit des bornes & des règles à la Natu-

videret Materiam recipere formam, & alterari varie quidem, sed tamen inordinate: vidit quoque opus esse ut eam ipse in ordinem reduceret, & ex indefinitis mutationibus ad certam definitamque constitueret: ut corporum distinctiones mutua ratione inter se responderent, neque temere vicissitudines ultro citroque reciperent. Hunc igitur Mundum ex omni materia creavit Deus, universique naturam terminum ipsum circumscripsit atque definiit: quod videlicet omnia alia in se ipso complectatur, quippe quod unum sit unigenitum, perfectum, anima & ratione præditum (sic enim melius erat futurum, quam illud quod animæ & rationis est expers) globoso corpore (hæc enim figura omnibus figuris perfectior est.) Quum igitur Deus vellet pulcherrimum foetum producere, hunc effecit Deum genitum, nunquam corrumpendum ab alia causa, præterquam a Deo qui ipsum composuit, si quando voluerit ipsum dissolvere. At non est boni genitoris, ad sui foetus, & pulcherrimi quidem illius, perniciem impelli. Permanet igitur mundus constanter talis qualis est creatus a Deo, ab omni corruptione liber & interitu, beatus, optimus rerum omnium genitarum: quandoquidem ab optima causa extitit, proponente sibi non exemplaria quædam manuum opificio edita, sed illam ideam intelligibilemque essentiam. Timæi Locri de Anima Mundi & natura, pag. 141 in Opus. Mythol. &c.

ture; il unit toutes les différentes parties de l'Univers, & en faisant, pour ainsi dire, une seule substance, il le doüa d'une ame & d'un esprit, parce que tout ce qui est animé est bien plus parfait & plus noble que ce qui ne l'est point. Il lui donna aussi une forme ronde, parce que la figure d'un globe est la plus parfaite. Comme Dieu vouloit que l'ouvrage qu'il produisoit, fût très beau & doüé de toutes les plus rares qualités, il voulut que quoique le Monde eût eu un commencement, il ne pût avoir de fin, non pas qu'il lui fût impossible de défaire ce qu'il avoit fait; mais parce qu'il n'est pas de l'essence d'un Etre bon de détruire une bonne chose. Le Monde demeurera donc éternellement tel qu'il est, exemt de corruption & de dissolution, joüissant d'une grande félicité, & plus heureux que tous les êtres particuliers qui le composent; & Dieu, en le faisant, ne s'est point proposé quelque modèle fait par une autre main, mais il en a pris *l'exemplaire* dans son idée.

CETTE ressemblance parfaite qu'on trouve, cher Sioeu-Tcheou, dans les systêmes de certains Philosophes, qui non seulement ne se sont jamais connus & n'ont point vécu dans le même tems; mais même qui n'ont jamais lû les Ouvrages les uns des autres, me feroit croire qu'il y a une certaine quantité d'idées qui se présentent également à

tous

tous les hommes, lorsqu'ils appliquent leur esprit sur certains sujets, & qu'au-delà de ces idées, il ne faut pas qu'ils esperent de pouvoir en avoir de nouvelles. Les Anciens ont fort disputé sur la nature divine, sur la création du Monde, sur l'essence de l'ame, sur la durée du Monde, &c. Qu'ont-ils dit que nous n'aions pensé ainsi qu'eux, & qu'avons-nous pensé qu'ils n'aient dit avant nous? Nos neveux & nos descendans ne seront pas plus avancés que nous, ils penseront ce qu'on a repeté trente mille fois, dans des termes un peu différens à la vérité, mais qui signifient pourtant la même chose. Peut-on chercher après cela, une preuve plus évidente de la foiblesse de l'esprit humain, & des bornes étroites dans lesquelles il est renfermé? Ceux qui ne sentent pas cette triste vérité, en refléchissant à cette uniformité d'idées peu nombreuses & très obscures, sont eux-mêmes d'excellentes preuves pour établir mon sentiment. Il n'y a que les sots & les ignorans qui ne voient pas combien peu les foibles mortels savent de choses, j'appelle de *choses essentielles*; car toutes ces bagatelles, dont les trois quarts des Savans font tant de cas, ne sont ordinairement propres qu'à amuser des gens oisifs.

N'est-il pas ridicule que je me croie un grand homme, parce que je saurai la Réthorique, la Logique, &c. & toutes ces

vai-

vaines Sciences, tandis que je ne me connois pas moi-même, que j'ignore ce que je fuis, d'où je viens, où je dois aller, quand eft-ce que je quitterai cette demeure, quels font les accidens qui m'y rendront heureux ou malheureux, ce que je dois faire pour être bien, & pour éviter d'être mal ? Lorfque je vois un Savant, entêté de quelques connoiffances fuperficielles, fe regarder comme un homme bien éclairé, je crois appercevoir un homme, qui, navigeant fans Cartes & fans bouffole au milieu d'une mer vafte & orageufe, fe perfuaderoit qu'il eft fort au fait de tout ce qui lui eft utile pour fa navigation, parce qu'il fauroit que le bâtiment dans lequel il eft, eft compofé de bois, de fer & de cordes, & qu'il auroit découvert que ce qui flottoit à deux cens pas de fon navire, étoit un poiffon qui jettoit de l'eau par une corne qu'il avoit au-deffus de la tête.

La Métaphyfique, tant vantée par les Européens, c'eft précifément la connoiffance du bâtiment; elle apprend que l'homme eft compofé d'un corps & d'un efprit. Mais d'où vient cet efprit, quelle eft fa nature, dans quel lieu retourne-t-il? Voilà la mer vafte & orageufe. Les conjectures, les difputes, les fuppofitions tiennent lieu d'évidence, dès qu'on s'écarte de ces pauvres & miférables connoiffances, qui ne nous apprennent autre chofe, fi ce n'eft que nous exiftons.

 LA

La Physique peut être comparée au poisson qui jette de l'eau. Nous faisons des Volumes sur les qualités des bêtes, sur l'essence de la matière, sur l'infini, sur le vuide; nous croions avoir fait de grandes découvertes, & à quoi cela sert-il? Connoissons-nous nous-mêmes, s'il est possible. N'est-il pas plaisant qu'un homme, qui ignore comment son corps reçoit les impressions de son ame, comme cette ame peut à son tour être sensible aux mouvemens du corps; qui ignore enfin s'il pense toujours, ou s'il cesse quelquefois de penser; qui n'a enfin aucune notion des trois quarts des choses qui le regardent, prétende développer les véritables causes qui font agir les premiers ressorts de la Nature? Qu'arrive-t-il de cela? c'est qu'il est la dupe de ses méditations; qu'après avoir bien rêvé, bien supputé, bien calculé, un autre rêveur vient ensuite, oppose ses songes & ses imaginations aux siennes; qu'ils disputent tous les deux pour maintenir leurs chimères, jusqu'à ce qu'un troisième vient se mettre de la partie. Il ne tarde pas d'être suivi d'un quatrième, le nombre enfin des rêveurs devient excessivement considérable; le mal est qu'aucun ne s'éveille, & que la dispute produit sur eux un effet différent que sur les autres hommes, & ne sert qu'à augmenter leurs rêves & leur sommeil.

Contentons-nous, cher Sioeu-Tcheou, du peu de connoissances qu'il a plû à l'Auteur

teur de la Nature de nous communiquer. Avoüons de bonne foi notre ignorance, & repetons fans cefſe à nos véritables amis que nous ne ſavons que très peu de choſes. Pour moi, je ſuis fermement perſuadé qu'une vieille ſervante Japonoiſe, que j'ai priſe à mon ſervice depuis que je ſuis à Nagaſaki, ſait autant que moi, de choſes *véritablement eſſentielles*, peut-être même davantage. Je diſtingue une interrogation d'une apoſtrophe; elle connoît juſqu'à quel point la farine doit être paſſée, & la pâte pétrie pour faire de bon pain. Je fais des ſyllogiſmes, elle d'excellentes réflexions ſur le ménage: je m'occupe à la lecture des anciens Philoſophes & des modernes, à concilier, s'il eſt poſſible, leurs opinions ſouvent fauſſes, preſque toujours oppoſées; elle, à faire de bonnes ſoupes, à filer, à coudre. Ha! cher Sioeu-Tcheou, n'allons pas plus loin; n'en voilà-t-il pas bien aſſez pour prouver que ma ſervante eſt plus heureuſe & bien plus véritablement ſavante que moi?

PORTE-toi bien.

De Nagaſaki, le . . .

LETTRE SOIXANTE-ET-DOUXIÈME.

Kieou-Che, à Sioeu-Tcheou.

JE me plaignis dans ma dernière Lettre, cher Sioeu-Tcheou, de la foiblesse de nos connoissances, j'en citai plusieurs exemples ; mais je n'eus ni le tems, ni l'occasion de te dire que les plus grands Philosophes ne sont guères plus éclairés sur les points les plus essentiels de la morale, que sur les questions les plus abstraites de la Métaphysique. Ce qui paroît encore plus étonnant, c'est qu'ils se trompent assez souvent sur les choses dans lesquelles les esprits les plus simples ne s'abusent point.

CES disciples de *Confucius* dont je t'ai parlé, ces sages Japonois, mêlent à la plus belle morale de l'Univers les erreurs les plus grossières. Ils disent * *que la plus grande perfection & le souverain bien que les hommes sont capables d'acquérir, consiste dans le plaisir que l'esprit trouve à mener une vie vertueuse ; ils ne reconnoissent de récompenses & de châtimens que les temporels, & ceux seulement qui sont la suite nécessaire de la ver-*

* Kemper, *Hist. du Japon*, Tom. II. pag. 201.

vertu, ou du vice. Ils ajoutent que nous sommes obligés d'être vertueux, à cause que la Nature nous a doüés de raison, afin que vivant conformément aux règles de la raison, nous montrions notre différence & notre prééminence sur les créatures dépourvûes de raison. Ils divisent leur Philosophie: entant qu'elle se rapporte à la pratique de la vertu & de la bonne morale, elle peut être réduite aux cinq articles qu'ils appellent Dsin, Gi, Re, Tsi, & Sin. Dsin leur enseigne à vivre vertueusement; (d'où l'on appelle un homme vertueux un Dsinja) Gi, à rendre justice à tout le monde; Re, à être civil & poli; Tsi, établit les maximes d'un bon & sage gouvernement, & Sin traite de la conscience pure & de la droiture du cœur. Ces Philosophes non seulement croient permise la mort volontaire; mais ils la regardent comme une action héroïque & fort recommendable, comme le seul moïen d'éviter une mort honteuse, ou pour s'empêcher de tomber entre les mains d'un ennemi vainqueur.

Je n'examinerai point en détail, cher Sioeu Tcheou, tous les principes de la morale de ces Philosophes. On ne peut nier qu'il n'y en ait plusieurs aussi beaux qu'utiles, & la plus pure morale des Philosophes Européens n'a rien qui puisse leur être préféré: mais à ces préceptes si estimables succédent d'autres bien condamnables & bien pernicieux; tel est celui qui

E 3

loüe

loüe comme une action héroïque & recommendable, la mort volontaire. Rien n'eſt ſi
contraire au bien de la Société civile, à la
tranquillité des Etats, qu'une pareille opinion. Dès qu'elle eſt reçue dans un païs,
les Souverains ne ſont plus en ſûreté ſur
leur Trône; les Magiſtrats doivent tout
craindre de ceux qu'ils puniſſent, les gens
vertueux ſont expoſés au caprice des plus
grands ſcélerats.

Pourquoi un homme, ſouillé des plus
grands crimes, craindra-t-il plus de ſe donner la mort qu'un Philoſophe, dès qu'il
eſt perſuadé qu'il commet une action héroïque, & qu'il n'a rien à craindre après
l'avoir faite? Quelle barrière n'ouvre-t-on
point à tous les forfaits les plus grands, en
fourniſſant un moïen aux criminels d'éviter
la peine que méritent leurs fautes „ Mais,
„ diſent ces Philoſophes Japonois, un
„ ſcélerat qui a le courage de ſe donner
„ la mort à lui-même, ſe la donnera éga-
„ lement, quand nous ne ſoutiendrions
„ pas que la mort volontaire eſt une ac-
„ tion héroïque. " Je réponds, cher
Siocu - Tcheou, qu'il eſt faux que cela ſoit
de même: un homme qui craint de trouver dans l'autre vie par la mort qu'il va
ſe donner, des ſupplices beaucoup plus
grands que dans celle-ci, n'attente guères
ſur ſes jours.

Je remarquerai, en paſſant, cher Siocu-
Tcheou,

Tcheou, que le fyftême de tes confreres
qui nient l'exiftence d'une Divinité, expofent néceffairement toutes les Sociétés
aux maux que peut leur procurer l'opinion
qui admet la mort volontaire comme une
action héroïque. Qu'a à craindre un fcé-
lerat qui méprife la perte de fa vie? Ne
penfe-t-il pas faire impunément tout ce
qu'il veut, tuer les gens qui lui déplaifent,
bruler leurs maifons, s'emparer de leurs
tréfors? S'il fe voit à la veille d'être arrêté
& puni, il fe tue, tout eft fini; il fe moque
de la Juftice, des loix, des châtimens. E-
xamines fans prévention, cher Sioeu-
Tcheou, les fuites pernicieufes du fyftême
que tu foutiens.

Tu me diras peut-être, ainfi que les
Philofophes Japonois, que tu enfeignes
aux hommes *qu'ils doivent aimer la vertu
par rapport à elle-même, que la Nature les a
doüés de raifon, afin qu'ils vivent conformement à la raifon.* Malheureufement ces
préceptes peuvent bien être de quelque u-
tilité à des Philofophes, déja bons & vertueux par leur tempérament; mais ils ne
fervent de rien au commun peuple, & je
dirois volontiers, aux trois quarts des hommes. C'eft une chofe, dont l'expérience
ne nous fournit que trop de preuves journalières.

Convenons de bonne foi que rien n'eft
fi dangereux pour la Société civile que les

 o-

opinions qui affûrent après la mort une entière impunité aux criminels, ou qui apprennent à ces mêmes criminels qu'il est
glorieux de se tuer soi-même. Si j'avois été
Empereur du Japon, j'aurois défendu aux
Philosophes, sous des peines sévères, de
soutenir ces sentimens. On auroit dû, s'ils
avoient desobéi à cette ordonnance, les per-
sécuter comme des perturbateurs du repos public; mais on ne leur a jamais rien
dit à ce sujet, & on les a chagrinés sur
plusieurs autres, pour lesquels on auroit
dû les loüer. Comme ils ne célebrent aucune fête, qu'ils ne marquent d'autre respect pour les Dieux du païs, que celui que
demande la bienséance, qui exige qu'on
n'affecte point de méprifer les coutumes &
les usages que les loix & le Prince autori-
sent, on les soupçonnoit de favoriser se-
crettement la Religion Chrétienne. Les
Bonses & les autres Prêtres, ennemis mortels de tous ceux qui connoissent leurs
fourberies, se servirent habilement de ce
prétexte pour leur nuire auprès de la Cour.
L'Empereur, qui vouloit absolument détruire tout ce qui pouvoit avoir quelque
rapport avec le Christianisme, ordonna à
ces Philosophes d'avoir dans leurs maisons
une Idole, ou l'image de l'un des Dieux
adorés au Japon. Aujourd'hui presque tous
ont placé celle d'*Amida* dans un lieu, des-
tiné uniquement à cet usage: quelques-uns

ont

ont pris celle de *Quanwon*; mais ils font
en très petit nombre. C'eſt-là la ſeule dé-
ference qu'ils aient pour la ſuperſtition de
leurs compatriotes; encore a-t-il fallu que
le Souverain leur ordonnât de l'avoir. Ils
n'ont ni Temples, ni forme de culte; ils
honorent le *Tien*, l'Etre ſuprême, par u-
ne conſcience pure, par une bonne &
honnête vie, par la pratique exacte de
toutes les vertus morales & civiles.

Les perſécutions indirectes qu'on a fait
ſouffrir à ces Philoſophes, comme partiſans ſecrets du Chriſtianiſme, en ont fort
diminué le nombre. La rigueur extrême
des édits de l'Empereur a rendu les gens
retenus, même ſur la lecture de leurs Livres, qui juſques dans ces derniers tems
avoient fait & l'admiration, & les délices
de tous les gens de goût. Cependant, je
te dirai que ces diſciples de *Confucius* n'é-
toient pas plus Chrétiens que nos Lettrés
Chinois; mais trouvant dans la Religion
des Européens pluſieurs ſentimens très ſenſés, ils les préferoient aux rêveries des
Sectes établies dans le Japon: ils étoient
malgré cela bien éloignés de recevoir toutes les opinions des Miſſionnaires. On a
eu peu d'égard à leur ſage diſcernement,
& peu s'en faut qu'on ne les ait regardés
comme des ennemis de l'Etat, & qu'on
ne les regarde encore comme tels aujour-
d'hui.

E 5

Il

Il y a quelque tems qu'un grand Seigneur, habile & vertueux Philosophe, sage disciple de *Confucius*, fonda une Université dans les terres dont il étoit Souverain. Il ordonna qu'on enseigneroit les opinions & la morale de *Confucius* à ceux de ses vassaux qui voudroient s'en instruire; son but étoit de les éclairer, & de leur faire connoître peu-à-peu les ridicules erreurs dont ils étoient imbus. Ce dessein eut tout le succès qu'il en attendoit, les peuples ouvrirent bientôt les yeux. Les Moines & les Prêtres étoient à la veille de mourir de faim, ils eurent recours à l'Empereur, lui représenterent le Seigneur Philosophe, comme un novateur dangereux. Ils vinrent à bout de persuader au Prince ce qu'ils voulurent, & ce sage Japonois, malgré ses grands emplois, ne prévint & n'évita sa perte qu'en les cédant à son fils, ainsi que toutes ses terres, & se retirant dans une solitude pour s'y livrer entiérement à la méditation.

C'est une chose bien étonnante, cher Sioeu-Tcheou, & bien indigne en même tems, que la persécution qu'ont soufferte tant de grands Philosophes dans les païs les plus policés & les plus éclairés. Il s'est trouvé des Princes, ou des Magistrats qui les ont décriés, maltraités, chassés, & même fait mourir. *Socrate*, le plus sage des Grecs, fut condamné à la mort par ceux
qui

qui gouvernoient dans Athènes; & si *A-*
riftote n'eût pas pris la fuite, il auroit es-
fuié le même fort. *J'ai fui,* * dit ce Philofophe à un de fes amis, *pour que les Athé-*
niens ne commiffent pas un fecond crime, fai-
fant allufion à la mort injufte & barbare
de *Socrate.* Les Grecs n'ont pas été les
feuls, chez qui les grands hommes & les
véritables Savans aient été perfécutés;
plufieurs Empereurs Romains les exilerent,
les autres les priverent de leurs biens. Les
Princes modernes n'ont fouvent que trop
imité en Europe la barbare fureur de ces
cruels Empereurs; à peine pourroit-on citer un grand Philofophe qui n'ait fouffert
quelque perfécution.

Les Souverains Orientaux font tombés
également dans les excès criminels des Européens. L'Empereur *Chi-hoang-ti* n'or-
donna-t-il pas qu'on brulât tous les divins
Ou-

* Καὶ πρὸς τῷ ἐρόμηνον, Διὰ τί ἀπέλιπε
τὰς Ἀθήνας, ἀπεκρίνατο, ὅτι ὐ βύλεθαι
Ἀθηναίυς δὶς ἐξαμαρτεῖν εἰς φιλοσοφίαν·
τὸ περὶ Σωκράτην πάθῳ αἰνιττόμενῳ, ϗ
τὴν κατ' αὐτὸν κίνδυνον.

Et interroganti, cur reliquiffet Athenas? ref-
pondit: quoniam noluiffet committere, ut Athe-
nienfes bis peccarent in Philofophiam: obfcure So-
cratis mortem innuens, & fuum periculum. Æ-
liani *Variæ Hiftoriæ. Lib. III. Cap. XXXVI.*
pag. 88. *Edit. Argentor.* M. DC. XLVII.

Ouvrages de *Confucius*? Ne voulut-il pas détruire entiérement dans toute la Chine l'étude de la Philofophie, fous le faux prétexte que cette Science, à laquelle une infinité de gens s'appliquoient, ne fervoit qu'à fomenter l'oifiveté & la fainéantife, tandis qu'on négligeoit l'art de la guerre & l'agriculture, qui font les fources de la puiffance & du bonheur des peuples. Les édits barbares de ce Prince furent exécutés à la rigueur: on brula tous les Livres, excepté ceux qui traitoient de l'Agriculture & de la Médecine: ceux des Lettrés, qu'on trouvoit avoir confervé des Ouvrages fi chers & fi précieux, furent punis de mort. Malgré ces cruautés inotiles, on en fauva cependant plufieurs exemplaires qui furent enterrés, & qu'on fortit de terre après que la perfécuion fut finie dans les regnes fuivans. Cependant plufieurs de ces Livres avoient été endommagés confidérablement par l'humidité, on ne put point rétablir entiérement certains endroits, quoiqu'on conciliât avec foin tous les différens manufcrits qu'on avoit pû fauver.

Cette perte irréparable a rendu exécrable à toute la Chine la mémoire de cet Empereur. Rien n'étoit fi faux que le prétexte qu'il avoit pris pour condamner l'étude de la Philofophie. Bien loin que les Philofophes foient des gens inutiles dans

un

un Etat pour la guerre & pour l'agricultu-
ture, ils sont au contraire très nécessaires;
l'expérience en est une preuve évidente.
N'est-ce pas notre *Confucius* qui a prescrit
les plus excellentes règles pour la guerre
dans l'histoire qu'il a écrite de celle entre
les Princes tributaires ?   Plusieurs de
ses disciples n'ont-ils pas composé
d'excellens Ouvrages sur l'agriculture? Mais les Philosophes ne se sont pas
conten és d'écrire l'histoire des guerres, ils
ont aussi très souvent commandé des armées. Presque tous les anciens Grecs, si
respectés aujourd'hui de tous ceux qui connoissent leur nom, ou leurs Ouvrages, se
sont distingués * dans la profession des ar-
mes,

* Τί δὲ, ἐκ ἦσαν καὶ οἱ Φιλόσοφοι τὰ
πολέμια ἀγαθοί; ἐμοὶ μὲν δοκῦσιν· εἴγε
Ἀρχύταν μὲν εἵλοντο ἑξάκις ςρατεγὸν Ταραν-
τῖνοι. Μέλισσ☧ ᾗ ἐναυάρχησε. Σωκράτης
ᾗ ἐςρατεύσαλο τρίς. Πλάτων ᾗ καὶ αὐτὸς
εἰς Τάναγραν, καὶ εἰς Κόρινθον. τὴν ᾗ Ξε-
νοφῶντ☧ ςρατείαν καὶ ςρατηγίαν, πολλοὶ μὲν
καὶ ἄλλοι ἄδυσι, καὶ αὐτὸς ᾗ ὁμολογεῖ
ἐν τοῖς, περὶ Κύρυ λόγοις. Δίων ᾗ ὁ Ἱππα-
ρίυ τὴν Διονυσίυ τυραννίδα κατέλυσε. καὶ
Ἐπαμινώνδας Βοιωταρχῶν ἐν Λεύκτροις
ἐνίκησε Λακεδαιμονίυς, καὶ τῶν Ῥωμαίων,
ᾗ τῶν Ἑλλήνων πρῶτ☧ ἐγένετο. πολλὰ δὲ
ᾗ

mes, lorsque le bien de leur patrie, ou quelque autre raison essentielle les a conduits à l'armée. Les habitans de Tarente donnerent six fois le commandement de leurs troupes à *Archytas*; *Melissus* fut Amiral; *Socrate* fit trois campagnes; *Platon* se trouva à plusieurs siéges, entre autres à celui de Corinthe; *Xénophon* fut un bon Général; *Dion* affranchit sa patrie de la tyrannie; *Epaminondas* vainquit les Lacédémoniens à la bataille de Leuctre; *Zénon* remporta en faveur des Athéniens, plusieurs avantages sur *Antigone*. Il est na-

ὴ Ζήνων ὑπὲρ Ἀθηναίων ἐπολιτεύσα
Ἀντίγονον· ὐδὲν γὰρ διοίσει, εἴ τις διὰ γνώ-
μης ὤνησέ τινας, εἴτε δι ὅπλων.

An vero non fuerunt bellandi periti etiam Philosophi? Mihi sane videntur. Si quidem Archytam sexties ducem elegerunt Tarentini. Melissus vero classi præfuit. Socrates ter in Militiam profectus est. Plato etiam ipse fuit in oppugnatione Tanagre & Corinthi. Xenophontis autem militia & imperatorium munus quum multi alii descripserunt, tum etiam ipse de se fatetur in libris de Cyro. Dion item Hipparini filius Dionysii tyrannidem evertit, & Epaminondas Boeotarchus ad Leuctra missus, superavit Lacedæmonios, & tum inter Græcos primus fuit. Multa etiam pro Atheniensibus in Rep. confecit Zenon, contra Antigonum. Nihil enim interest, sive quis sapientia & consilio, sive armis alios juvet, promoveat. Æliani Variæ Historiæ, Lib. VI. Cap. XIV. pag. 141. Edit. Argent. M.DC. XLVII.

naturel, cher Sioeu-Tcheou, qu'un Philofophe qui a de la valeur, foit plus capable de commander une armée qu'un autre, puifqu'il joint la fageffe & la prudence à la bravoure. Les Princes & les Souverains, qui méprifent les Savans & les Philofophes, montrent combien ils font eux-mêmes méprifables, puifqu'ils témoignent n'avoir ni jugement, ni vertu, ni fageffe. Quel cas peut-on faire d'un homme qui perfécute les feules perfonnes capables de l'inftruire ?

PORTE-toi bien, cher Sioeu-Tcheou.

De Nagafaki, le....

LET. SOIXANTE-ET-TREIZIEME.

Choang, *à Yn-Che-Chan.*

JE traverfois, il y a quelques jours une ruë d'Ifpahan, accompagné d'un Négociant Perfan de mes amis. Je vis un homme qui paffoit dans la même ruë, pour qui tout le peuple témoignoit beaucoup de refpect. Il avoit l'air grave & auftère, il affectoit cependant de paroître modefte; il faluoit avec affez d'affabilité toutes les

per-

perſonnes qui l'abordoient. *Quel eſt cet homme?* demandai-je à mon ami. ,, C'eſt ,, un *Mouſtaded,* me dit-il. " *Je ne ſuis pas,* repliquai-je, *plus éclairci qu'avant votre réponſe.* Je vais donc, reprit-il, vous ,, donner de plus grands éclairciſſemens. ,, Nous appellons *Mouſtaded* les Docteurs, ,, parmi leſquels nous croions qu'il faut ,, chercher l'*Iman.* Ces Docteurs ont ,, chez nous beaucoup de crédit & ſont ,, très reſpectés: mais ils doivent être ,, doüés d'un grand nombre de talens & ,, d'excellentes qualités; auſſi n'y a-t-il ,, guères de perſonnes qu'on juge dignes ,, de porter le nom auguſte de *Mouſtaded.* ,, Il faut, pour le mériter, poſſéder à fond ,, ſoixante - & - dix Sciences, réſoudre ſur ,, le champ, & ſans avoir beſoin de recou- ,, rir aux Livres, les queſtions les plus ,, difficiles & les plus épineuſes de la ,, Théologie & du Droit Canon. La pure- ,, té du cœur doit égaler l'étendue du gé- ,, nie; il eſt néceſſaire d'avoir des mœurs ,, irréprochables, de mener enfin une vie ,, pure & ſans tâche. "

Avez vous, dis-je, en riant, à mon ami, *beaucoup de* Mouſtadeds *dans ce païs? Si cela eſt, il faut qu'on n'exige pas d'eux toutes les qualités dont vous me parlez, ou la Perſe eſt un païs extraordinaire, qui produit un grand nombre d'hommes, preſque inconnus chez les autres Nations.*

,, Si

„ Si les hommes, repartit le Perſan, é-
„ toient aſſez modeſtes & aſſez ſincères
„ pour juger ſans partialité de leur mérite,
„ un *Mouſtaded* ſeroit un être auſſi rare
„ en Perſe que le Phénix en Egypte ; mais
„ les Eccléſiaſtiques ont auſſi bonne opi-
„ nion d'eux dans ce païs qu'ils l'ont dans
„ les autres, & l'on en trouve aſſez, qui,
„ peu contens de prétendre au grade de
„ *Mouſtaded*, en prennent hardiment le
„ titre, ſe perſuadent qu'ils ſont auſſi in-
„ faillibles que les Prophétes, & que leurs
„ déciſions doivent être reçues comme
„ des articles de foi. S'ils ne ſont pas con-
„ vaincus véritablement qu'ils poſſédent
„ toutes ces grandes qualités, du moins
„ ſont-ils tout ce qu'ils peuvent pour per-
„ ſuader leurs partiſans qu'ils en ſont doüés
„ au ſuprême dégré. Il ne tient pas à eux
„ qu'on ne les regarde comme des émana-
„ tions de la Divinité, ou plûtôt comme
„ des Vicerois de l'Etre ſuprême, qui
„ joüiſſent de tout ſon pouvoir, & qui ſont
„ les dépoſitaires de ſes ſecrets & de ſes
„ volontés.

„ Les prétentions des *Mouſtadeds* ſont
„ auſſi grandes, auſſi étendues, auſſi
„ pompeuſes que celles des Pontifes Ita-
„ liens. Les uns & les autres préten-
„ dent également avoir le droit de remet-
„ tre les péchés, d'ordonner des punitions
„ pour purger les fautes, de nettoïer les

　　　„ ames

,, ames de leurs fouillûres, de réconci-
,, lier les criminels avec le Ciel, & d'ou-
,, vrir aux coupables les portes du féjour
,, célefte.

,, Si les prérogatives que s'attribuent
,, les *Mouftadeds*, leur font véritablement
,, dûes, que deviennent celles des Ponti-
,, fes Italiens, & fi les Pontifes Italiens
,, ont les droits exclufifs qu'ils s'attribuent,
,, à quoi ne font pas réduits ceux des
,, *Mouftadeds*? Voilà un procès confidé-
,, rable entre ces différens Vicerois célef-
,, tes, qui fans doute durera long-tems,
,, puifqu'il ne peut être décidé que par les
,, Juges du Paradis. Les arrêts des Bien-
,, heureux s'obtiennent difficilement, &
,, nous ne voions pas qu'ils fe foient mis
,, en peine jufqu'à préfent de prononcer
,, fur tant de conteftations qui durent de-
,, puis plufieurs fiécles. Leur indifférence
,, fur les difputes des foibles mortels four-
,, nit un moïen affûré aux Eccléfiaftiques
,, de toutes les différentes Religions de
,, pouvoir s'attribuer tranquillement tous
,, les droits qu'ils veulent, & de difpu-
,, ter à leurs adverfaires la poffeffion &
,, la joüiffance de ceux qu'ils s'attri-
,, buent.

,, Je vous parle confidemment & à cœur
,, ouvert, continua le Perfan, & vous voiez
,, que je n'approuve pas plus que vous tou-
,, tes les fottifes que mes compatriotes con-
,, fa-

,, facrent comme des actes les plus purs
,, de la Religion. Hé! quel est l'homme
,, qui veut faire usage de sa raison, qui
,, ne connoisse bien-tôt le ridicule de la
,, conduite de nos *Mouftadeds*, qui ne rie
,, de la liberté avec laquelle ils décident
,, de la perte, ou du salut des hommes?
,, Nous nous moquons des Prêtres Euro-
,, péens & Arméniens; que font-ils de
,, plus que nos *Mouftadeds*? Ces derniers
,, poussent l'orgueil encore plus loin.

,, Si un Persan a manqué à quelques
,, préceptes de la loi; si aiant voïagé dans
,, des païs Chrétiens, il a vécu à leur ma-
,, nière; s'il a bû du vin, s'il a mangé du
,, cochon; enfin s'il a commis quelque
,, autre faute, il court chez un *Mouftaded*
,, auquel il confesse son crime en présen-
,, ce de quelques personnes qu'il a condui-
,, tes avec lui pour servir de témoins, &
,, être caution de sa repentance. Le pré-
,, tendu Saint fait une grande exhortation
,, au pécheur, après quoi, il lui donne
,, quelques coups de baguette sur le dos,
,, & en régle le nombre suivant la gran-
,, deur de la faute qu'il lui remet. Plai-
,, sante manière de rendre les hommes in-
,, nocens auprès de la Divinité, que celle
,, de leur donner des coups de bâton!
,, Voilà la réconciliation la plus grotesque
,, & la plus singulière du monde! Nos
,, *Mouftadeds* font faire un plaisant per-

,, son-

,, fonnage à l'Etre fuprême, on diroit
,, qu'ils cherchent à détruire & ravaler la
,, grande idée qu'il a donnée de lui-mê-
,, me à tous les hommes.

,, APRE's l'expédition de la baguette, le
,, faint perfonnage expédie un acte, en for-
,, me de l'abfolution qu'il a accordée au
,, criminel, précifément dans les mêmes
,, termes dont fe ferviroit un Viceroi qui
,, donneroit des Lettres de grace au nom
,, de l'Empereur fon maître. Voici quel-
,, le eft la formule ordinaire de ces actes:
,, *En tel tems, un tel, fils de tel, a com-*
,, *paru devant moi, & m'aiant confeffé fes*
,, *péchés, a produit plufieurs témoins ver-*
,, *tueux & dignes de foi, qui ont certifié*
,, *qu'il étoit véritablement touché de fes fau-*
,, *tes paffées. Les témoins fe font rendus*
,, *pareillement caution de fa pénitence; c'eft*
,, *pourquoi je lui ai donné l'abfolution, & lui*
,, *ai fait expédier le préfent acte.* Quel eft
,, l'homme qui puiffe s'empêcher de fe
,, moquer d'une pareille vanité? Ne
,, faut-il pas vouloir foi-même s'aveugler,
,, pour ne pas voir combien un préten-
,, tendu Saint, qui ôfe s'ériger en fouve-
,, rain difpenfateur des graces du Ciel, eft
,, éloigné de cette véritable vertu, de cet-
,, te humilité, de cette modeftie, de cet-
,, te fageffe qui doivent faire indifpenfa-
,, blement une partie du caractère du vé-
,, ritable *Mouftaded*, fi tant eft qu'il y en
,, puiffe avoir?

,, JE

„ JE vous avoüe que je me moque de
„ tous ces fourbes qui ôfent prendre un
„ nom refpectable: les gens de fens en
„ font de même, & c'eft dans le feul
„ peuple que font leurs plus zélés parti-
„ fans. Le Prince & les Gouverneurs ob-
„ fervent de près la conduite de ces or-
„ gueilleux Eccléfiaftiques; ils craignent
„ qu'ils n'abufent du crédit qu'ils ont
„ fur l'efprit du vulgaire. S'ils n'é-
„ toient point retenus par la crainte
„ d'être punis à la moindre marque
„ qu'ils donneroient de vouloir attenter à
„ l'autorité roïale, il s'en trouveroit bien-
„ tôt quelqu'un parmi eux qui ôferoit
„ prendre le titre d'*Iman*, & qui croiroit
„ devoir être le feul & unique Souverain
„ de la Perfe. „

CE *que vous me dites*, répondis-je au Perfans, furpris de ce qu'il m'apprenoit, *me
paroît extraordinaire. Eft-ce que les Rois de
Perfe ne font pas les légitimes Monarques?*
„ Ils le font fans doute, repliqua le Per-
„ fan, & on ne fauroit leur difputer leur
„ droit; on peut même foutenir avec
„ raifon qu'ils font eux-mêmes *Imans*,
„ puifqu'ils en ont la puiffance. " *Vous
parlez*, repris-je, *toujours des Imans, apprenez-moi, je vous prie, ce que ce nom fignifie,
& quel droit donne ce titre que vos Mouftadeds voudroient fi fort obtenir, & qu'ils
foutiennent ne convenir qu'à un d'entre
eux.*

F 3

„ LE

,, Le nom d'*Iman*, repartit mon ami,
,, fignifie un Chef fpirituel & temporel,
,, un homme envoié de Dieu pour gouver-
,, ner les peuples, pour les enfeigner. Or,
,, il faut que vous fachiez que nos Doc-
,, teurs & nos Théologiens foutiennent que
,, Dieu a toujours voulu que le Monde
,, ait été gouverné par fes Prophétes pen-
,, dant le tems qu'il lui a plû de les en-
,, voier fur la terre ; mais depuis qu'il a
,, ceffé d'en faire naître, les *Imans* leur
,, ont fuccédé, & comme Lieutenans des
,, Prophétes, ont hérité de tous leurs
,, droits.

,, Il y a eu douze *Imans* qui ont regné
,, fucceffivement les uns après les autres ;
,, c'eft de quoi tous les Docteurs convien-
,, nent : mais ils font très divifés entre eux
,, pour favoir s'ils ont encore aujourd'hui
,, des fucceffeurs, ou s'ils n'en ont plus
,, eu depuis long-tems. Quelques Théo-
,, logiens foutiennent que les hommes,
,, devenus mauvais, aiant oublié tous les
,, préceptes & les confeils des Sages, fe
,, fouleverent contre les *Imans* & fecoüe-
,, rent le joug de ces faints perfonnages.
,, Dieu, pour punir ces rebelles, rendit
,, invifible le douzième *Iman*, & l'enleva
,, dans le Ciel ; dès lors il n'y eut plus de
,, fucceffeurs & de vicaires des Prophétes
,, dans le Monde, & il n'y en aura pas
,, qu'à la fin du Monde.

,, Plusieurs autres Docteurs, dont le
,, nom-

„ nombre eſt très conſidérable, rejettent
„ l'opinion qui met fin à la ſucceſſion des
„ *Imans.* Ils diſent que quoiqu'on ne con-
„ noiſſe point aujourd'hui ceux qui rem-
„ pliſſent la charge d'*Iman*, elle eſt ce-
„ pendant occupée, & n'a jamais été va-
„ cante; qu'il eſt abſolument néceſſaire
„ qu'il y ait toujours ſur la terre quelque
„ ſaint perſonnage qui ſoit le Lieutenant
„ de Dieu en terre, & qui ne prend ſoin
„ de ſe cacher, que parce qu'il n'a pas les
„ marques extérieures de puiſſance & d'au-
„ torité parmi les hommes. Ces droits
„ n'en ſont pas moins réels & moins reſ-
„ pectables, quoiqu'ils ſoient paſſés dans
„ des mains étrangères. A tout cela les
„ mêmes Docteurs ajoutent, ainſi que je
„ vous l'ai dit, qu'il faut chercher parti-
„ culiérement cet *Iman* inconnu parmi les
„ *Mouſtadeds.* Vous voiez à préſent ſi
„ c'eſt avec raiſon que le Souverain exa-
„ mine de près la conduite de ces *Mouſ-*
„ *tadeds*, & s'il eſt bien fondé à empêcher
„ que quelqu'un d'eux n'ôſe prendre hau-
„ tement le titre auguſte d'*Iman*. Alors ce
„ prétendu ſucceſſeur des Prophétes pré-
„ tendroit être en droit de monter ſur le
„ trône, & comme Vicaire de Dieu en
„ terre, le ſceptre, ainſi que l'encenſoir,
„ devroient être également dans ſes mains.
„ Nos Souverains ont bien ſenti ces in-
„ convéniens; auſſi ſe diſent-ils *Imans*,

F 4

„ pour

,, pour les prévenir autant qu'il leur est
,, possible. ''

JE comprends à présent, dis-je à mon ami,
quelles sont les raisons qui rendent les Mouftadeds si suspects aux Souverains Persans;
mais pourquoi ne les détruisent-ils pas entiérement, puisqu'ils prétendent être également
les Chefs de la Religion & de l'Empire? Quel
est le motif qui peut les retenir, & les empé-
cher de se délivrer de la crainte dans laquelle
ils sont toujours que quelqu'un de ces prétendus Saints ne veüille s'ériger en successeur
des douze premiers Imans?

,, Nos Monarques, répondit le Persan,
,, sont plus absolus que tous les autres
,, Rois de l'Asie & de l'Europe; mais ils
,, ne le sont cependant point assez pour
,, pouvoir s'élever au-dessus de ce que tous
,, les Princes ont généralement à craindre
,, de la superstition de leurs sujets. Le
,, zèle outré de la Religion est plus fort
,, que les préjugés les plus grands; tous
,, disparoissent devant lui. Celui de l'o-
,, béissance passive au Souverain, celui de
,, la nécessité du despotisme, celui du res-
,, pect le plus profond pour la personne du
,, Prince, enfin tous ceux qui sont les plus
,, anciens, & peut-être les plus légitimes,
,, ne résistent point au fanatisme; cette
,, dangereuse phrénesie détruit également
,, & les vices, & les vertus qui pourroient
,, s'opposer à ses progrès. La majesté du
,, Trô-

,, Trône n'a que trop été violée dans tous
,, les païs par la superstition ? Nos Souve-
,, rains ne l'ignorent point, & c'est ce qui
,, les rend plus retenus dans les affaires
,, qui concernent la Religion ; ils laissent
,, subsister les *Mouftadeds* pour ne point
,, porter les choses à l'extrême. Le peu-
,, ple, qui croit voir en eux des Saints, ne
,, souffriroit point qu'on les maltraitât ; il
,, croiroit servir le Ciel en prenant leur
,, défense. Il ne pense point à les élever
,, tandis qu'il les voit dans un état paisible ;
,, mais si on les persécutoit, leurs mal-
,, heurs le toucheroient & réveilleroient
,, dans lui le souvenir des anciens *Imans*,
,, dont il honore la mémoire avec tant de
,, respect. Il tenteroit peut-être de leur
,, donner un successeur, & une révolte
,, générale s'ensuivroit. On prend donc
,, le parti le plus sage, on laisse subsister
,, les *Mouftadeds* ; mais on les observe de
,, près, & quand quelqu'un d'eux devient
,, trop suspect au Prince, on le punit sé-
,, vérement, sous quelque prétexte spé-
,, cieux, & l'on éloigne, autant qu'il est
,, possible, tous les soupçons que le peu-
,, ple pourroit concevoir qu'on en veut
,, personnellement aux *Mouftadeds*. ,,

JE *vois*, dis-je au Persan, *que vous con-*
noissez parfaitement les affaires de l'Etat
& de la Religion. Si tous vos compatriotes
pensoient d'une manière aussi sensée, on n'au-

F 5

roit

roit rien à craindre de la superstition dont vous m'avez si bien dépeint les funestes effets. Continuez à penser toujours de même, & faites part de vos lumières à ceux de vos amis qui se font un plaisir d'être éclairés, & qui prisent autant que moi, vos sages instructions.

Un Arménien, qui m'aborda pour me parler de quelques affaires, m'obligea à changer de conversation, & je ne pus témoigner, autant que je l'aurois voulu, à ce sage Persan combien j'étois charmé des éclaircissemens qu'il m'avoit donnés. J'espere en recevoir plusieurs autres de lui; car il est très versé dans toutes les Sciences Persannes, & il fait principalement son étude de la Philosophie.

PORTE-toi bien, cher Yn-Che-Chan.

D'Ispahan, le.....

LETTRE SOIXANTE-ET-QUATORZIEME.

Kicou-Che, à Siocu-Tcheou.

ENFIN nous partons dans trois jours pour Jedo, cela est résolu, & depuis quatre, nous avons la liberté, cher Siocu-Tcheou, de nous promener dans les ruës de Nagasaki, & de visiter les édifices publics de cette grande ville. Il y a un grand nombre de Temples, qu'on a dédiés aux anciens Dieux du païs & aux Idoles étrangères, dont le culte a été porté de la Chine & des païs circonvoisins. Ces Temples sont fort bien bâtis, & sont consacrés non seulement aux usages Religieux, mais aux divertissemens publics. Ils sont ornés de jardins spacieux, de belles allées; on y a pratiqué plusieurs corps de logis, qui sont séparés de celui où sont les Idoles. C'est dans ces édifices & dans les lieux charmans dont ils sont entourés, que l'on célebre les jeux & les fêtes solemnelles. Je n'ai pû encore être présent à aucun de ces spectacles; mais on m'a assûré qu'ils étoient représentés avec beaucoup de pompe & de magnificence.

Le nombre des maisons de débauche est
en-

encore plus grand à Nagaſaki que celui des Temples, quoique ce dernier aille à ſoixante-&-deux. Les Japonois fréquentent également avec beaucoup d'aſſiduité les demeures de leurs Dieux & celles de leurs courtiſanes ; il eſt très commun & très ordinaire de voir dans ce païs les gens, en ſortant d'un Temple, aller dans un mauvais lieu. Il eſt vrai qu'ils ne regardent point comme tels les maiſons des filles de joie, ils ont au contraire fait pluſieurs loix pour les entretenir & pour en multiplier l'uſage.

LE quartier de Nagaſaki où ſont tous ces Temples de Vénus, eſt bâti ſur une éminence qui commande le reſte de la ville ; on croiroit que les Japonois choiſiſſent les mêmes endroits pour placer leurs B**, que les Européens pour bâtir leurs citadelles. Les maiſons des courtiſanes occupent deux grandes ruës, elles ſont plus belles que celles des plus riches particuliers ; enfin, l'on peut aſſûrer hardiment que l'impudicité & la débauche ne ſont logées dans aucun endroit du Monde auſſi bien & auſſi ſplendidement qu'au Japon.

LES gens qui ſont pauvres, ſurchargés d'une famille nombreuſe qu'ils ne ſauroient élever, ont la liberté de placer leurs filles parmi les courtiſanes ; mais il faut pour cela qu'elles ſoient jolies, jeunes. Un pere,

re, en vendant une de ses filles à un des directeurs des courtisanes, trouve le moyen
de pourvoir à la nourriture de ses autres
enfans. Quelque condamnable que paroisse cet usage, il l'est cependant beaucoup
moins que celui d'exposer les enfans & de
leur donner la mort, qui s'est pratiqué autrefois en Europe chez les Nations les plus
polies.

C'est ordinairement à l'âge de dix ou
douze ans que les peres vendent leurs filles; ceux qui les achetent, ne veulent
point risquer les maladies auxquelles la
premiere jeunesse est ordinairement sujette, ni prendre des personnes plus âgées,
parce qu'ils sont bien aises de les former
pour le métier auquel ils les destinent, leur
intérêt demandant qu'elles aient toutes les
qualités qui peuvent leur attirer des amans.
Ces entrepreneurs, ou plûtôt ces agioteurs d'impudicité, en nourrissent autant
qu'ils peuvent: ils les logent fort commodément dans de beaux appartemens; leur
font apprendre à danser, à joüer des instrumens, les exercent à écrire des lettres
tendres & amoureuses, les instruisent enfin
de tout ce qui peut les rendre plus aimables & plus engageantes. Les vieilles, qui
ont plus d'habileté que les jeunes, leur donnent des leçons; ces dernieres en revanche leur rendent mille petits services. Celles qui font des progrès considérables dans

l'art

l'art de plaire & de séduire des amans, reçoivent de leur maître des présens, soit
en habits, soit en bijoux ; tout cela est
pourtant pris sur l'argent que leur donnent
leurs galans: mais comme il appartient de
droit au directeur , elles font heureuses
qu'il veuille bien leur en faire part de
quelque chose.

Le prix ordinaire pour une nuit, est depuis six louis jusqu'à deux écus ; selon la
beauté, la jeunesse de la courtisane , on
taxe ce qu'il en doit couter. On est libre de prendre des plaisirs chers , ou qui
font à très bon marché ; on ne peut cependant en avoir qui coutent moins de deux
écus.

La précaution des Japonois pour satisfaire à leur débauche & à leur impudicité,
ne s'est point bornée à ces seuls établisse-
mens. Comme il pourroit arriver que
lorsque les courtisanes font couchées, quelqu'un se trouveroit pressé de ses besoins ,
& feroit obligé de différer jusqu'au jour à
les satisfaire, les directeurs font obligés de
faire veiller toutes les nuits dans une loge qui est contre la porte de leur maison,
une fille avec laquelle tous les passans peuvent avoir à faire, en lui donnant deux é-
cus. Il est vrai qu'on choisit toujours pour
cette corvée les filles les moins jolies &
les plus usées , excepté que quelqu'une
n'ait mérité par quelque faute de faire la
gar-

garde nocturne; en ce cas, les coureurs
de nuit ont pour leurs deux écus une bonne fortune.

Tu trouveras, cher Siocu-Tcheou, qu'il
est étonnant que tout un peuple ait pû
concourir unanimement à établir de pareille coutume; je ne les blâme pas
moins que toi. Il est, j'en conviens,
absolument nécessaire pour mettre à couvert l'honneur des femmes & des filles,
que dans les grandes villes il y ait des
courtisanes; mais on ne doit point porter
les choses à l'extrême, faire une espèce de
triomphe de ce qu'on devroit cacher, s'il
étoit possible, dans un éternel silence.
Peut-on pousser plus loin l'impudicité, que
de faire veiller la nuit des filles dans les
rues, & d'intéresser la police dans un établissement aussi impudique? Les Japonois
connoissent eux-mêmes combien l'emploi
de ceux qui procurent ces infâmes
commodités, est vil & méprisable. Si
quelques courtisanes, après avoir servi leur tems, viennent à se marier,
elles sont regardées sans mépris, on
les considère comme d'honnêtes femmes;
les crimes de leur vie passée sont imputés
à leurs parens qui les ont vendues, & qui
les ont mises dans la nécessité d'exercer u-
ne profession infâme: ainsi la honte de
leur prostitution retombe sur les véritables
coupables. Quant aux directeurs des maisons

sons publiques, ils sont bannis pour toujours de la société & du commerce des honnêtes gens. Quelques richesses qu'ils amassent, on les considère comme des personnes infâmes; on les met dans le même rang que les tanneurs de cuir, qui dans ce païs sont obligés de faire l'office de bourreau, & d'habiter hors des villes dans des maisons, bâties près de l'endroit où l'on fait les exécutions.

Les anciens Européens, ceux-mêmes qui passoient pour les plus sages & les plus éclairés, ont eu des courtisanes les mêmes idées que les Japonois, & n'ont point regardé avec plus de mépris leur profession. Ils les protégeoient, ils les chérissoient, ils les aimoient même avec autant de passion & de délicatesse, que si elles avoient été les femmes les plus chastes & les plus retenues du monde; cependant ils n'ignoroient pas leur conduite. *Térence*, après *Ménandre*, introduit sur la Scène une courtisane qui raconte à son amant les avantures de sa vie passée *. Elle lui apprend qu'aiant quitté Rhodes, elle vint à Athènes avec un galant qui lui avoit donné beaucoup de bien. Elle ne se contente

pas

---

* *Ego cum illo, quo cum una rem habebam*
    tum hospite,
Abii huc: qui mihi reliquit hæc quæ habet
    omnia.
Publ. Terent. *Eunuch. Act. I. Scen. II.*

pas de la confidence de ses anciennes a-
mours, elle demande la permission de faire une infidélité; * & ce qu'il y a de particulier, c'est que l'amant, quelque tendre, quelque passionné, quelque jaloux
qu'il soit, consent à la demande de la
courtisane. Il proteste qu'il ira † à la campagne, & que là pendant ces deux jours il
se tourmentera, il s'affligera. Quoiqu'il fût
aussi complaisant & aussi amoureux, il
païoit cependant les faveurs qu'on lui ac-
cordoit.

*** T H A I S.**
Ego non ex animo, misera, dico? quam joco
Rem voluisti a me tandem, quin perfeceris?
Ego impetrare nequeo hoc abs te, biduum
Saltem ut concedas solum.
      P H A E D R I A.
                 Siquidem biduum.
Verum, ne fiant isti viginti dies.
      T H A I S.
Perfecto non plus biduum, aut ...
      P H A E D R I A.
               aut? nihil moror.
      T H A I S.
Non fiet. hoc modo sine te exorem.
      P H A E D R I A.
               scilicet
Faciundum est quod vis.
      T H A I S.
Merito amo te. bene facis. Id. ibid.

† *Rus iho. ibi hoc me macerabo biduum.*
Ita facere certum est.   *Id. ibid.*

Tome III.   G

cordoit. Ce n'étoit point faute d'argent
qu'il étoit obligé d'être docile & de prendre patience, il dit en termes exprès à sa
maitresse * que son rival n'étoit pas le seul
qui lui fît des présens, & qu'elle ne s'étoit
jamais apperçue que sa libéralité fût tarie
pour elle. Il lui parle d'une esclave E-
thiopienne & d'un eunuque dont il lui a-
voit fait présent. Le valet certifie les discours du maître; car la courtisane, parlant de la fidélité qu'elle prétendoit avoir
gardée à son premier amant, & des richesses qu'elle en avoit reçues, il lui répond qu'il n'est pas vrai † qu'elle ne fut en
commerce qu'avec cet amant, ni qu'il
soit le seul qui lui ait donné tout le bien
qu'elle possede, son maître lui en aiant
fait

* *Num solus ille dona dat? Nuncubi meam*
Benignitatem sensisti in te claudier?
Nonne, mihi ubi dixti cupere te ex Æthiopia
Ancillulam, relictis rebus omnibus,
Quæsiv i? Eunuchum porro dixti velle te,
Quia solæ utuntur his reginæ, repperi:
Heri minas viginti pro ambobus dedi:
Tamen contemptus abs te, hæc habui in me-
moria.
Ob hæc facta abs te spernor.

Id. ibid.

† *Neque tu uno eras contenta, neque solus*
dedit.
Nam hic quoque bonam magnamque partem ad
te attulit. Id. ibid.

fait préſent d'une grande partie. Voilà, cher Sioeu-Tcheou, le véritable portrait des courtiſanes Japonoiſes & celui de leurs amans. Voions ſi les idées que les Athéniens avoient du métier de ces courtiſanes, ſeront auſſi reſſemblantes avec celles qu'en ont les Japonois, que le ſont leurs inclinations & leurs complaiſances pour ces ſortes de femmes.

LES Japonois regardent comme infâmes les maiſons des maîtres & des directeurs des courtiſanes. Les Athéniens penſoient de même, & *Parmenon* ſe moque d'une de ces femmes qui prétendoit * qu'on punſt comme adultère, un jeune homme qui avoit violé une fille dans la maiſon d'une courtiſane. Dès que les Japonoiſes ceſſent d'exercer leur profeſſion, elles ſont réputées honnêtes femmes, on les reçoit dans les meilleures compagnies. Les courtiſanes Athéniennes joüiſſoient préciſément des mêmes privilèges, encore étoient-ils plus grands & plus étendus; car elles étoient conſidérées par des vieillards reſpectables en continuant leur métier, pourvû qu'elles le fiſſent avec quelque réſerve. Dans *Térence*, *Thaïs* obtient de

La-

* *Quis homo pro mœcho umquam vidit in domo meretricia*
Deprehendi quemquam? Id Act. V. Scen. V.

Laches, pere de *Phædria* son amant, qu'il la prenne sous sa protection, & cet Athénien veut bien que sa maison & celle de cette courtisane * n'en fassent plus qu'une à l'avenir; mais ce qu'il y a de plus fort, c'est le consentement que *Phædria*, amant tendre & passionné de *Thais*, donne aux propositions que lui fait son rival. Il n'est rien de si singulier que le traité que ces deux hommes font ensemble par le moïen d'*Ygnathon*. Ce parasite, pour faire consentir *Plædria* à souffrir que le Capitaine son rival soit reçu chez *Thais*, lui dit: ,, Songez-y, bien, † votre maitresse
,, &

* *tum autem Phædria,*
Meo fratri, gaudeo amorem esse omnem in
tranquillo: una est domus:
Thais patri se commendavit in clientelam &
fidem:
Nobis dedit se. Id. Act. V. Scen. IX.

† *Cogita modo. tu hercle cum illa, Phædria,*
Et libenter vivis, (etenim bene libenter vic-
titas,)
Quod des palulum est, & necesse est multum
accipere Thaidem ?
Ut tuo amori suppeditari possit sine sumptu
tuo; ad
Omnia hæc magis opportunus, nec magis ex
usu tuo
Nemo est. Principio & habet quod det , &
dat nemo largius:
Fatuus est , insulsus, tardus, stertit noctesque,
& dies:
Ne-

„ & vous, aimez à faire bonne chère,
„ vous recherchez les friands morceaux;
„ cependant vous n'êtes pas riche, & el-
„ le n'est pas d'humeur à se contenter
„ de peu de chose. Vous risquez de per-
„ dre ses faveurs, si vous ne faites pas la
„ dépense qu'elle souhaitera. Vous ne sau-
„ riez donc mieux faire que de trouver quel-
„ qu'un qui vous défraie, & personne n'est
„ plus propre à cela que l'homme que je
„ vous propose. Il a de quoi donner, &
„ il est fort libéral : d'ailleurs, il n'a point
„ d'esprit, il est gros, lourd, pesant,
„ il ronfle la nuit & le jour. Vous ne de-
„ vez pas craindre qu'il vous enleve le
„ cœur de votre maitresse; vous vous en
„ deferez même toutes les fois & quantes
„ que vous voudrez. “ *Phædria* ouvre
les oreilles à ces propositions, * & convient qu'un pareil second lui sera fort
utile.

CONSIDERONS, cher Sioeu-Tcheou,
sans prévention les mœurs des anciens A-
thé-

<hr>

*Neque tu istum metuas ne amet mulier: pel-
las facile, ubi velis*
Id. *Act. V. Scen. X.*

* P H A E D R I A.
Mirum ni illo homine quoque pacto opus est.
C H A E R E A.
Idem ego arbitror. Id. *Act. V. Scen. X.*

G 3

théniens, si vantés, si loüés, pour leur politesse, leur génie, leurs connoissances
dans les Arts & dans les Sciences, nous les
trouverons parfaitement ressemblans avec
ceux des Japonois sur ce qui regarde les
courtisanes. On se récrie sur les coutumes
qui sont en usage chez certains peuples, &
l'on ne songe point qu'elles ont été pratiquées dans l'Antiquité, & que les vices &
les crimes des Modernes ne sont qu'une
suite de ceux des Anciens. Si l'on cher-
choit aujourd'hui chez les Européens l'o-
rigine de la plûpart de leurs défauts, on
trouveroit qu'elle vient de ces Grecs & de
ces Romains dont on prône si fort la sagesse & la prudence.

PORTE-toi bien, & donnes-moi de
tes nouvelles.

De Nagasaki, le....

Lettre Soixante-et-Quinzieme.

Sioeu-Tcheou, à Kieou-Che.

J'Ai lû avec plaisir, cher Kieou-Che, tes Lettres, & j'y aurois plûtôt répondu si des affaires très importantes ne m'avoient occupé. Je m'acquitte aujourd'hui de ce que je n'ai pû exécuter jusqu'à présent.

Je suis charmé du sage parallèle que tu fais des mœurs & des usages des anciens Athéniens & des Japonois modernes sur les courtisanes: mais si tu connoissois les François aussi parfaitement que moi, tu aurois pû aisément les comparer à ces derniers; & pour excuser les foiblesses des Asiatiques, tu n'aurois pas eu besoin d'avoir recours aux anciens Européens, les modernes ne t'auroient fourni que trop de moïens. Je puis t'assûrer que l'amour des François pour les courtisanes est aussi fort, aussi aveugle & aussi peu délicat que celui des Japonois. Ils les aiment avec tant de passion, qu'il est fort ordinaire d'en voir, qui, de très riches qu'ils étoient, sont tombés par rapport à elles dans une extrême pauvreté. Les Courtisans, les Magistrats, les Militaires, les gens d'Eglise, tous les dif-

G 4   fé-

férens états semblent se disputer entre eux lequel sera celui qui portera le plus loin l'amour pour les filles publiques. Les Seigneurs se croiroient être privés du plus grand plaisir de la vie, s'ils n'avoient pas à leurs gages quelques courtisanes. Ils donnent le nom de *filles entretenues* à ces créatures, il semble qu'ils voudroient dire par-là qu'elles sont à eux seuls; mais ils savent bien le contraire, & tout le Public de même.

LES courtisanes à Paris n'ont ni plus de sagesse, ni plus de modestie qu'au Japon; elles prennent de tous les côtés. Si elles ménagent leurs amans, si elles affectent de leur paroître fidèles & attachées, ce n'est que pour les duper plus aisément, & pour les engager davantage. Tous les jours, malgré leurs précautions, on découvre leur mauvaise foi; à peine se passe-t-il un jour qu'on ne fasse ici quelque histoire réjoüissante au sujet de quelque tour de ces filles entretenues. Cependant les François ne les aiment pas moins, & n'en sont pas plus sages. Ils font pour elles des dépenses excessives, & quoiqu'ils sachent ordinairement le triste sort qu'ont eu les amans qui les ont précédés, ils n'en sont pas plus retenus; leur délicatesse est aussi peu touchée des desordres de leurs maitresses, que celle des Japonois de la prostitution publique des leurs.

TU parois étonné, cher Kieou-Che, que

que *Térence* nous repréfente une courti-
fane, racontant à fon amant l'hiftoire de
fes amours avec d'autres galans : ce portrait eft pris dans la nature ; cet ancien
Poëte trouvoit fans doute dans les hommes qui vivoient de fon tems , ce que je
vois tous les jours à Paris. Non , cher
Kieou-Che, il n'eft pas néceffaire d'aller
au Japon pour rencontrer des femmes affez hardies pour faire un trophée de leur
galanterie, & des amans affez peu déli-
cats pour en écouter le récit fans douleur
& fans emportement ; tous les jours la
chofe arrive à Paris. Que dirois-tu fi tu
voiois ces filles de l'Opéra, ces chanteu-
fes, ces danfeufes, plus funeftes au repos
& à la bourfe des jeunes Seigneurs , que
les faifons les plus orageufes aux champs
& aux vergers, raconter à leurs nouveaux
amans les avantures qu'elles ont eues avec
leurs prédéceffeurs, leur faire mention a-
vec emphafe des préfens qu'elles en ont reçus, pour les exciter à fuivre leur exemple, & quelquefois aller même jufqu'à leur
faire preffentir que s'ils ne donnent pas a-
vec profufion, ils feront bientôt congédiés.
Si tu étois préfent à ces converfations, tu
verrois bien alors que les François ne doivent point trouver étrange la foibleffe des
Japonois, encore plus celle des anciens
Athéniens. Ils font auffi efclaves que ces
peuples, des femmes publiques. L'amour

qu'ils

qu'ils ont pour elles, ne s'allarme point aisément, n'eſt ni délicat, ni jaloux; cependant il eſt aſſez violent pour leur faire faire les dépenſes les plus conſidérables, Quand ils ne peuvent pas y ſubvenir, ils imitent le *Phædria* de *Térence*; ils conſentent que leurs maitreſſes reçoivent chez elles quelque amant en ſecond, qui fourniſſe aux appointemens. Un jeune Seigneur, qui eſt encore fils de famille, prend pour ſubſiſter un vieux Financier; un Officier, peu accommodé des biens de la fortune, conſent à partager ſa Belle avec un Fermier général. Enfin, cher Kioeu-Che, le Capitaine de *Térence* eſt un perſonnage ſi vrai, qu'on le retrouve à Paris chez preſque toutes les filles entretenues. Elles ont un amant * qui n'eſt bon qu'à payer, dont elles ſe moquent, qu'elles rongent & qu'elles dévorent, pour me ſervir des termes du Poëte Latin, & un autre ſubſiſte aux dépens des profuſions de ſon imbécille rival.

Tu vois, cher Kioeu-Che, que les hommes ſont à peu près les mêmes qu'ils ont toujours été, & que les vices chez eux ne ſont point diminués par vingt ſiécles. Les anciens Européens étoient aveugles ſur le compte des courtiſanes, les modernes ne le

* *Hunc comedendum & deridendum vobis propino.* Publ. Terent. *Eunuch. Act. V. Scen. X.*

le font pas moins ; pourquoi t'étonnes-tu donc que les Japonois aient pour elles certaines foiblesses ? Est-ce qu'ils font obligés d'être plus sages & plus retenus que tous les autres hommes ? Si les usages, qu'ils observent pour le réglement des lieux publics, différent en quelque chose des coutumes des Européens anciens & modernes, cela est si peu considérable, qu'en vérité on ne peut blâmer les uns sans condamner les autres.

Tu diras peut-être que tu as parlé à Peckin à plusieurs Européens qui condamnoient les vices de leurs compatriotes, qui méprisoient beaucoup les courtisanes, & connoissoient à fond toutes leurs rufes. Dans toutes les parties du Monde il se trouve des gens qui pensent aussi sagement. Quelques Japonois desapprouvent sans doute les coutumes de leur païs ; mais trente, quarante, si tu veux cinq, ou six cens particuliers, décident-ils du jugement qu'on doit porter de toute une Nation ? C'est la Nation même qu'il faut consulter, non pas ceux, qui, par leur vertu & leur génie s'élevant au-dessus du vulgaire, n'ont, pour ainsi dire, d'autres coutumes que celles qui font conformes à la pureté des mœurs.

Si la façon de penser de quelques particuliers balançoit celle de tout un peuple, les Athéniens, que tu accuses avec

tant

tant de raiſon d'avoir aimé les courtiſanes
juſqu'à l'idolatrie, auroient le droit de ré-
cuſer ton jugement. Il ſe trouveroit chez
eux des gens qui connoiſſoient à fond le
caractère double, intéreſſé, ſéduiſant des
courtiſanes. Le même *Térence*, que tu
cites pour montrer juſqu'où l'amour & la
complaiſance des Athéniens alloient pour
ces femmes impudiques, introduit ſur la
Scène un homme qui en jugeoit ſaine-
ment. Voioons comme il fait parler *Chré-
mès*. * *Plus je penſe à cette affaire, & plus
je*

* *Profecto, quanto magis magiſque cogito,*
Nimirum dabit hæc Thaïs mihi magnum
malum:
Ita me video ab ea aſtute lobefactarier.
Jam tum, cum primum juſſit me ad ſe ar-
ceſſier,
(Roget quis, quid tibi cum illa? ne noram
quidem.)
Uti veni; cauſam ut ibi manerem repperit:
Ait rem divinam feciſſe ſe, & rem ſeriam
Velle agere mecum, jam tum erat ſuſpicio
Dolo malo hæc fieri omnia, ipſa accumbere
Mecum, mihi ſeſe dare, ſermonem quærere.
Uti friget, huc evaſit, Quampridem pater
Mihi & mater mortui eſſent? dico, Jam
diu.
Rus Sunii ecquod habeam, & quam longe a
mari?
Credo ci placere hoc: ſperat ſe a me a-
vellere.

Poſtre-

*je suis persuadé que c'est un grand bazard si
cette Thaïs ne me fait quelque tour de son*
iné-

*Postremo, ecqua inde parva periisset soror?
Ecquis cum ea una? quid habuisset, cum
    periit?
Ecquis eam posset noscere? Hæc cur quæ-
    ritet?
Nisi si illam forte, quæ olim periit par-
    vola
Soror, hanc se intendit esse, ut est au-
    dacia:
Verum ea, si vivit, annos nata est se-
    decim,
Non major: Thaïs, quam ego sum, majuscu-
    la est.*
Terent. *Eunuch. Act. III. Scen. III.*

On peut encore voir dans une autre Piéce
de *Térence* un endroit qui marque bien que les
Anciens connoissoient tout le mauvais du caractère des courtisanes, & vivoient cependant
avec elles comme avec des femmes très respectables. Dans l'*Heautontimorumenos*, Cliti-
phon, citoien d'Athènes, vieillard respectable,
reçoit chez lui la courtisane *Bacchis*, & qui plus
est, lui donne à souper avec son amant.

> *Si sit rogas?
Sensi: nam ei unam cœnam atque ejus comitibus
Dedi. quod si iterum mihi sit danda, ac-
    tum siet.
Nam, ut alia omittam, pytissando modo
    mihi
Quid vini absumsit | Sic hæc dicens, as-
    perum*

Pa-

métier, de la manière fine dont je vois qu'elle se prend à me vouloir faire tomber dans ses piéges. Lorsqu'elle m'eut fait prier de l'aller voir, & que je fus chez elle, quoique je ne la connusse point & que je n'eusse aucune affaire avec elle, elle trouva d'abord un prétexte pour me retenir, elle me parla d'un sacrifice qu'elle avoit fait, elle m'assûra qu'elle vouloit me communiquer des affaires importantes; tous ces discours me firent soupçonner qu'elle vouloit me duper. Elle se mit à table avec moi, & pendant le repas elle me fit mille avances, elle me dit tout ce qu'elle crut de plus propre à m'engager. Enfin elle s'apperçut que je répondois assez froidement à toutes ses agaceries, elle me demanda depuis quel tems mon pere & ma mere étoient

> Pater est : aliud lenius, sodes, vide.
> Re levi dolia omnia, omnes serias :
> Omnes babui salicitos, atque bæc una nox.
> Quid te futurum censes, quem assidue exedent?
> Sic medii amabunt, ut me tuarum miseritum est
> Menedeme fortunarum. Publ. Terent. Heautontim. Act. III. Scen. I.

Quelque chose de plus singulier que la complaisance de ce bon vieillard pour la courtisane *Bacbis*, c'est l'attention de sa femme, qui recevoit dans son appartement les suivantes de cette même courtisane.

> Hanc secum buc adduxit, eaque est nunc ad uxorem tuam. Id. Act. III. Scen. II'.

oient morts; je lui dis qu'il y avoit déjà
-tems. Elle s'informa si je n'avois point
e maison de campagne à Sunium, & si cette maison étoit bâtie loin du rivage de la mer.
Je pense que cette maison lui a donné dans la
vûë, & qu'elle auroit envie de l'excroquer.
Elle voulut savoir si je n'avois pas perdu une
petite sœur il y a quelques années; elle s'informa soigneusement de l'âge qu'elle avoit,
de ceux qui étoient avec elle, des habits, des
bijoux qu'elle portoit le jour qu'elle fut prise,
des gens qui pourroient la reconnoître. A
quoi bon toutes ces demandes, si ce n'est,
comme elle est fort hardie, qu'elle songe peut-
être à passer pour ma sœur?

TOUTES les personnes, cher Kieou-
Che, qui connoissent les courtisanes modernes, & qui liront le portrait que nous
a laissé *Térence* de cette Grecque, recon-
noîtront qu'il n'est rien de plus ressemblant
au caractère des courtisanes modernes,
que celui des anciennes. La fourbe, l'im-
posture, la feinte, les agaceries, enfin
tous les vices se sont perpétués chez ces
femmes sans changement & sans altération.
Qu'il seroit heureux pour les jeunes gens
qui se laissent séduire à ces dangereuses si-
rènes, de lire souvent & avec attention le
passage de cet Auteur! Ils apprendroient à
connoître le fond du cœur de ces femmes, dont on doit tout au plus se servir
ainsi que d'un cheval de poste, dont on
use

uſe pour une courſe, & qu'on traite ſan
aucun ménagement.

ON m'a raconté l'hiſtoire d'un jeun
François, dont les compatriotes devroien
bien imiter l'exemple. Il étoit perſuad
que les courtiſanes ne méritent point l'at
tention d'un galant homme; cependant i
étoit d'un tempérament qui ne lui per
mettoit point d'en condamner l'uſage,
s'en ſervoit en Philoſophe. Il étoit deve
nu amoureux d'une fille, qui par ſes dé
penſes avoit ruiné pluſieurs amans; ell
ne ſe livroit que pour des ſommes conſidérables, encore falloit-il qu'elles fuſſent
continuées & renouvellées pluſieurs fois.
On devoit, pour en obtenir des faveurs,
ſe donner, non pas pour un ſoupirant paſ-
ſager, mais pour un galant en titre & ſta-
ble. Le jeune homme dont je parle, étoit
parfaitement inſtruit de toutes ces difficultés: elles auroient ſans doute rebuté quelqu'un moins ingénieux que lui, il les ſur-
monta toutes; & qui plus eſt, ſans ſe
mettre en riſque de ſe ruiner. Son a-
mour, quelque violent qu'il fût, ne lui
ôtoit point le jugement, & il connoiſſoit
parfaitement la véritable valeur du bien
qu'il vouloit obtenir. Il alla chez cette
fille habillé magnifiquement, les mains &
les poches remplies de bijoux. La vûe
de l'or & des diamans ne ſert pas médiocrement à déterminer les courtiſanes;
com-

comment ne produiroit-elle pas cet effet
fur des filles publiques, puifqu'elle agit a-
vec beaucoup d'efficace fur les femmes
qui fe piquent de la fageffe la plus auftère? La Donzelle ne manqua pas d'ouvrir
les yeux, elle fentit un defir violent de
s'approprier tant de richeffes. Le fage a-
moureux la flatta habilement de les lui
donner dans la fuite; il parla clairement,
& on lui répondit de même. Enfin, après
les propofitions faites de part & d'autre,
on conclut un traité, par lequel il fut
fpécifié que l'amant s'obligeoit pendant le
tems qu'il feroit le poffeffeur de fa maitreffe, de lui donner quinze mille livres
toutes les années. Les chofes ainfi termi-
nées, le jeune homme fait apporter un
fouper fin & délicat, on fe met à table,
& après la table au lit. Le galant profite
le plus qu'il lui eft poffible de l'occafion; il
prolonge fes plaifirs bien avant dans la
matinée, la nuit n'aiant pû fuffire à le fatisfaire. Enfin le midi le chaffe du lit, il
s'habille, & lorfqu'il eft prêt à fortir, au
lieu d'affûrer fa maitreffe d'un prompt
retour, *Mademoifelle*, lui dit-il, *réglons
nos comptes, s'il vous plait. Je vous
ai promis quinze mille livres par an, c'eft
environ douze cens livres par mois, &
ar femaine trois cens livres; ce qui
evient à un peu plus de trois louis par
our. Il y en a un que vous êtes fur mon*

compte, je suis accoutumé d'agir toujours noblement, voilà quatre louis, moïennant lesquels nous rentrons vous & moi dans notre premier état ; vous pouvez chercher fortune ailleurs, & moi de même.

Qu'il seroit heureux pour les François, cher Kioeu-Che, qu'ils imitassent ce galant sensé & raisonnable ! Son exemple peut être également utile aux Japonois & à tous les hommes. Il montre que les plus courtes folies sont les plus excusables, & que si le tempérament ou l'inclination nous forcent à aimer des courtisanes, il faut les aimer comme des courtisanes, non comme des femmes qui méritent notre attachement & notre estime.

Porte-toi bien, & fuis la débauche & les lieux publics.

De Paris, le . . . . .

LETTRE SOIXANTE-ET-SEIZIEME.

Sioeu-Tchcou, à Yn-Che-Chan.

QUELQUE bonne opinion que les Européens aient d'eux-mêmes, ils ne laissent pas, cher Yn-Che-Chan, de rendre justice aux Asiatiques. Ils les loüent dans ce qu'ils croient appercevoir de bon en eux; peut-être même qu'ils les approuveroient moins, s'ils étoient leurs voisins, ou leurs compatriotes. Leur amour propre est moins blessé des loüanges qu'ils donnent à des gens qu'ils regardent comme citoiens d'un autre Monde, que des éloges qu'ils feroient des personnes avec lesquelles ils vivent ordinairement, ou avec lesquelles ils ont quelque intérêt à démêler.

IL est fort commun de trouver dans les Livres des François de longues & sanglantes satyres contre les Anglois. Quant à ces derniers, ils ne perdent jamais l'occasion d'injurier, de maltraiter, & de calomnier les autres Européens. Les Allemands méprisent beaucoup les Espagnols & les Italiens: ils regardent les uns comme des fous qui se livrent aux plus criminelles fureurs du fa-

na-

natifme, qui croupiffent dans une craffe ignorance ; & les autres comme des génies fuperficiels, qui n'ont que des faillies plus fouvent fauffes qu'ingénieufes, mais rien de favant, rien de profond, rien de médité, rien de fagement & judicieufement penfé. Les Efpagnols au contraire, difent que la plûpart des Allemands font des héretiques dangereux, qui ne méprifent la Philofophie fcholaftique que parce qu'elle découvre les erreurs qu'ils foutiennent ; ils les taxent d'être yvrognes, entêtés, & leur prodiguent un nombre d'épithètes odieufes. Les Italiens ne leur font pas plus favorables, ils les taxent de n'avoir aucune délicateffe, d'ignorer l'art d'écrire d'une manière enjoüée, & de joindre l'utile à l'agréable ; ils difent qu'ils font d'énormes Volumes, remplis d'une érudition auffi ennuieufe qu'inutile. Tous ces différens peuples, cher Yn-Che-Chan, aveuglés par leurs préjugés & par l'amour propre, jugent de leurs adverfaires par le mauvais côté, & décident de toute une Nation par les défauts de quelques particuliers, fans avoir égard aux vertus, aux talens & aux qualités de plufieurs autres perfonnes qui compenfent les défauts qu'on reproche à leurs compatriotes. Il eft certain qu'il y a plufieurs Auteurs Italiens, dont les Ouvrages ne font que des ramas de pointes & d'an-

d'anthitéfes qui n'offrent que de faux bril-
lans; mais il y en a auffi qui n'ont aucun
de ces défauts. Les *Politiens*, les *Bembes*,
les *Pics de la Mirande*, les *Cardans* étoient
des gens auffi érudits que les Allemands les
plus renommés dans la Littérature. En
Allemagne, les *Leibnitzs*, les *Wolfs*, les
Puffendorfs ont eu autant de legéreté, &
peut-être autant de fineffe & d'imagination, que les Italiens les plus fpiri-
tuels.

C'EST une chofe bien étonnante que des
hommes de Lettres, que des Savans, qui
devroient s'élever au-deffus des préjugés
du vulgaire, fe regarder tous comme compatriotes & même comme freres, écrivent
avec une indécence infinie les uns contre
les autres, cherchent à fe critiquer, parce qu'ils ne font pas dans le même païs.
Cette folie, fi ridicule dans les plus fimples génies, devient fi criminelle, à mon
avis, dans des gens qui doivent en connoître tout le mauvais, que lorfque je lis
un Auteur qui condamne ou par haine, ou
par jaloufie quelque Nation, & qui cherche d'élever la fienne fur la ruine d'une autre, je fuis tenté à chaque page de bruler
fon Ouvrage, & de détruire, autant qu'il
m'eft poffible, des Ecrits qui deshono-
rent, & les Savans, & les Sciences.

RIEN n'eft fi affreux pour un fage Philofophe, que de voir proftituer l'efprit &

H 3

s'en

s'en fervir à confondre, autant qu'il eft poffible, le vrai mérite avec le vice, l'ignorance avec l'étude. C'eft-là ce que font tous ceux qui tâchent de perfuader à leurs Lecteurs que dans une Nation qui fouvent a produit les plus grands hommes, on ne trouve que de miférables Ecrivains, dont ils font amplement mention, fans dire un feul mot des autres, quoiqu'ordinairement ils ne leur foient point inconnus. Quelle apparence y a-t-il qu'ils le leur foient, puifqu'ils en connoiffent plufieurs autres qui leur font bien plus étrangers? Ils loüent des Auteurs Chinois, Japonois, Perfans, Turcs; eft-ce que ces gens-là leur font plus familiers? Non fans doute, il feroit abfurde de le penfer; mais par leur éloignement ils leur donnent moins de jaloufie.

JE lus l'autre jour dans un Auteur Anglois un éloge magnifique de notre Empire, de notre gouvernement Chinois, & de notre illuftre *Confucius*. Sais-tu à quoi tendoit cet éloge? A faire des Efpagnols la plus fanglante critique. Cet Auteur parloit avec admiration de l'ancienneté de notre Monarchie, qui a fubfifté fans changement & fans altération durant tant de fiécles. Tu feras peut-être bien-aife de trouver ici tout ce qu'il a écrit à ce fujet: *

,, Ad-

* L'Auteur d'une Satyre Latine, qui parut

à

„ Admirons, dit-il, l'Empire des Chinois,
„ qui subsiste encore aujourd'hui tel qu'il
„ a

à Londres en Novembre, ou Décembre 1738.
sous ce titre, *Miltonis Epistola ad Polionem.*
Lond. apud T. Cooper, fol. fait ce bel éloge
du gouvernement des Chinois.

SINENSIA regna

Miremur, quæ immota manent, semperque
    manebunt:
Cur, olim quæ fuerat caput Orbis, nunc Lare
    parvo
Nititur, & quicquid Veneri promiserat ipse
Jupiter, angusto contenta est limite Roma,
Ac putat esse aliquid magnas jactare ruinas.
Quis favor, aut quæ vox Superûm, SINENSE
    beatum
Efficit imperium, nullo mutabilis ævo?
Audi hæc, & sanctum CONFUCI Numen
    adora:
*Summa SALUS POPULI lex esto, & *
    summa piorum
Relligio, summa hæc eadem quoque gloria
    Regum.
Sive foro, seu quid castâ versatur in Aulâ,
Hæc lex consiliis sese ingerit omnibus; hæc
    lex
Præfectos, Proceresque facit, movet arma
    Deosque:
Omnis & in populo Regis stat cura pa-
    rentis.
Sed tamen & Regi sua sunt insignia: equique
Servique & Satrapæ, gemmæ, longa atria,
    pluresque

Us-

H 4

„ a toujours été, & qui dans la suite sera
„ également stable & à couvert de toutes
„ les

Uxores, ne quid desit regale, quod us-
   quam est
Verum hæc nec populi, duro sunt parta la-
   bore,
Nec scelerata dedit, facilem victoria prædam,
Non aliena cupit, nec causas quærit
   HOANG-TI,
Nec numerat Belli lauros; nec opima tropæa,
Nec vastæ cædes SINENSIS *nomen hones-*
   tant.
Illi omnes odio qui magnâ clade superbi.
Aut raptô Reges vivunt. Si forte PHI-
   LIPPUS
Dona ferens poscat, SINENSI *Fœdere*
   jungi
Rex Regi; (alter terræ, at cæli est Filius
   alter)
Legatis Pater hæc SINAE *respondeet æ-*
   quus:
Qui procul a nobis, semper procul esse la-
   trones
Crudeles, avidi, meditantes bella, rapi-
   nas,
Atque virûm strages, queis pacem & mune-
   ra fertis!
Cursatur terras omnes, maria omnia cir-
   cum
Nempe unus Regem vestrum non continet
   orbis,
Nec locus est sceleri summo. Quid AMERICA
   vobis?

Quid

„ les révolutions. Nous voions au con-
„ traire que Rome, qui fut autrefois la
„ maitreſſe du Monde, eſt actuellement
„ dans un état abject. Les promeſſes que
„ Jupiter a faites à Vénus, n'ont eu au-
„ cun effet, & cette puiſſance éternelle
„ qu'elle devoit toujours conſerver, s'eſt
„ évanouïe; Rome n'a plus que le triſte a-
„ vantage de vanter ſes immenſes débris
„ & ſes ruines. Quel eſt donc le Dieu
„ favorable, qui a mis à couvert par ſon
„ pouvoir l'Empire des Chinois, des ré-
„ volutions, & qui a défendu leurs villes
„ contre les injures du tems? C'eſt l'illuſ-
„ tre & vénerable *Confucius*, dont on doit
„ adorer la mémoire. Ce grand homme,
„ par les ſages loix qu'il a établies, fut le
„ ſalut du peuple, le ſoutien de la Reli-
„ gion, & le protecteur des Souverains.
„ Ces loix reſpectables embraſſent tout ce
„ qui regarde les différens états; elles ré-
„ glent les déciſions des Juges, les édits
„ du

Quid gemini feciſſe juvat certamina Mundi ?
An tanti ſunt fulva metalla? Latere volentes
Effodiuntur opes: Operi Deus inſtat Iberus
Infando; utque unum poſſit ditare tyrannum,
En, terras populat late, inſontesque Penates,
Atque nefas ſuadet quantum haud molitur
   Erynnis!

On ſuppoſe cette Lettre écrite par le fameux *Milton*, & retrouvée dans ſes papiers.

H 5

„ du Prince, les démarches des Courti-
„ fans, la conduite des Gouverneurs, &
„ la difcipline des troupes. Elles ren-
„ dent le Souverain pere de fes fujets,
„ & l'empêchent d'en être le tyran : ce-
„ pendant elles ne diminuent rien de fa
„ gloire, de fes droits, elles lui donnent
„ en abondance des domeftiques, des
„ efclaves, des chevaux, des richeffes,
„ des femmes, enfin elles lui accordent
„ avec profufion tout ce qui con-
„ vient à la majefté Roïale; & ce qu'il y
„ a de plus beau & de plus admirable,
„ c'eft que tous ces biens ne font point
„ acquis par les malheurs des peuples, par
„ leur mifère, par leur efclavage, ou par
„ quelque guerre injufte, fuivie de plu-
„ fieurs victoires, auffi odieufes que crimi-
„ nelles. Le fage Empereur *Hoang-ti* ne
„ cherche point à s'emparer du bien de
„ fes voifins, il méprife ces prétendus
„ lauriers recueillis à la guerre, & les
„ vertueux Chinois ne donnent point
„ un nom honnête à des meurtres
„ cruels; ils ont de l'horreur pour tous
„ les Princes qui fe plaifent à faire
„ périr les hommes. *Philippe*, Roi
„ d'Efpagne, leur fait demander en vain
„ leur alliance par fes Ambaffadeurs, loin
„ de la leur accorder, ils traitent avec
„ mépris ces Ambaffadeurs. *Fuïez loin
„ d'ici,* leur difent-ils, *nous n'avons jamais*

„ *eu*

„ eu aucune affinité avec vous, & n'en vou-
„ lons jamais avoir: nous détestons une Na-
„ tion cruelle, avide de meurtres & de rapi-
„ nes, & qui détruit les peuples à qui elle
„ offre la paix & des présens. Qu'avez-vous
„ à démêler avec nous, & quel est le but
„ pour lequel vous venez ici? Est-ce que les
„ mers immenses qui nous séparent, ne sont
„ pas d'assez fortes barrières; Votre Roi est
„ si ambitieux, qu'il ne peut se contenter
„ d'un Monde, & qu'il remplit l'autre d'hor-
„ reur.   Pensez-vous que nous ignorions les
„ actions horribles que vous avez commises
„ dans l'Amerique? La soif de l'or vous dé-
„ vore; c'est en vain que la Nature a caché
„ ce métal au sein de la terre, vous tentez
„ tout pour l'en retirer.   Le Dieu des Es-
„ pagnols favorise des actions aussi criminel-
„ les, & pour enrichir un tyran, il dépeu-
„ ple des Empires, & autorise plus de cri-
„ mes, que n'en peut faire une Furie sortie
„ des Enfers. „

IL faut convenir, cher Yn-Che-Chan,
que nous méritons l'éloge que cet Anglois
donne à nos loix & à nos coutumes.
Quant au portrait qu'il fait des Espagnols, il est très ressemblant; on voit
pourtant que la haine y entre pour
quelque chose.   On auroit pû se servir
de termes plus doux, en faisant parler
notre Empereur *Hoang-ti* : il est bien
certain que ce Prince n'en auroit

point

point emploié d'auſſi forts que ceux qu'on lui prête; mais les Européens, ainſi que je te l'ai déjà dit, ne perdent jamais l'occaſion de mordre & de déchirer la réputation de leurs voiſins; ils ſe ſervent des expreſſions les plus fortes & les plus outrageantes. Peut-ê re même que ſi nous étions auſſi près des Anglois que le ſont les Eſpagnols, & que nous euſſions à démêler les mêmes intérêts qui les diviſent, ils nous blâmeroient autant qu'il nous approuvent. Qui ſait même s'ils ne chercheroient point des prétextes ſpécieux pour pouvoir condamner notre grand *Confucius* ? Pourquoi ne le feroient-ils pas, puiſqu'ils parlent tous les jours avec mépris de l'illuſtre *Deſcartes*, & cela uniquement parce qu'il étoit François?

IL ne faut pas aux Européens des ſujets juſtes & équitables pour fonder les injures qu'ils diſent à leurs voiſins. Lorſqu'ils n'en ont pas de légitimes, ainſi que le ſont ceux qui font le ſujet des invectives de l'Auteur Anglois contre les Eſpagnols, ils en prennent de frivoles, ou bien ils en inventent d'imaginaires. La vertu la plus épurée leur paroît alors une dangereuſe hypocriſie, & la Science la plus vaſte & la plus profonde, un tiſſu de rêveries & de viſions cornues. Dirois-tu, cher Yn-Che-Chan, qu'il eſt commun d'entendre donner à *Londres* à *Deſcartes* le nom de rêveur & de viſionnaire?

naire ? O Ciel ! eſt-il permis de ſe laiſſer aſſez aveugler à la prévention & aux préjugés, pour pouvoir juger auſſi impertinemment d'un des plus grands hommes qu'ait produit l'Univers ? Et peut-on ne pas lui rendre toute la juſtice qu'il mérite, uniquement parce qu'il étoit François ?

NE penſes pas, cher Yn-Che-Chan, qu'on ſoit ni plus ſage, ni plus modéré en France qu'en Angleterre ; on y eſt auſſi peu raiſonnable, & tous les jours on y voit des Savans rejetter certaines vérités, & les combattre avec aigreur, parce qu'elles ont été découvertes par des Anglois. Ho ! que nos compatriotes les Chinois ſont bien plus ſenſés ! Chez eux le mérite, dans quelque Nation qu'il ſe trouve, ſe rencontrât-il chez leurs plus cruels ennemis, eſt toujours reſpecté. N'avons-nous pas eu des guerres longues & éternelles avec les Japonois ? Cependant nous rendons juſtice à leurs bonnes qualités : eux à leur tour eſtiment ſi fort les grands hommes que la Chine a produits, qu'ils ont élevé des Temples à *Confucius* & à pluſieurs de ſes diſciples.

JE ne m'étonne pas que les Japonois mépriſent ſi fort les Européens ; ils étoient indignés de voir, lorſqu'ils avoient la permiſſion de commercer chez eux, la maniènière outrageante dont ils parloient les uns des autres. Nos compatriotes ont commencé à prendre la façon de penser des Japonois, & toutes les difputes messéantes qu'il y a eu entre les Millionnaires François & les Italiens, n'ont pas peu contribué à faire rendre l'édit qui les a tous exilés de la Chine, fi l'on excepte quelques Mathématiciens, à qui l'on a fait grace en faveur de leurs connoissances; preuve bien évidente que nous respectons le mérite, même chez les gens que nous n'aimons point. Continuons, cher Yn-Che-Chan, à penser de même ; fuions avec soin de tomber dans cette basse jaloufie qui deshonore toutes les Nations Européennes , qui les empêche de rendre à la vertu le tribut qu'elle mérite, qui les asservit à des préjugés honteux, & qui les rend méprisables à tous les autres peuples de l'Univers. Lorsque je vois un François , homme de Lettres, paroître insensible aux beautés qui font répandues dans certains Ouvrages Anglois, & qui font fi naturelles & fi fimples qu'elles fe font fentir d'abord aux esprits les plus ordinaires, je ferois tenté de lui dire ce qu'*Apelles* dit à *Alexandre*, qui regarda fon portrait fans paroître l'approuver, quoiqu'il fût fi beau, qu'un cheval, aiant apperçu celui fur lequel ce Prince étoit peint, fe mit à hennir. *Roi, ce cheval*

val est plus connoisseur que vous en peinture, dit le Peintre. *

Porte-toi bien, & donnes-moi de tes nouvelles.

De Paris, le. . . . .

* ἈλέξανδρΘ· θεασάμενΘ· τὴν ἐν Ἐφέσῳ εἰκόνα ἑαυτῦ, τὴν ὑπὸ Ἀπελλῦ γραφεῖσαν, ὐκ ἐπήνεσε κατὰ τὴν ἀξίαν τῦ γράμμαΘ· εἰσαχθέντος ἢ τῦ ἵππυ, κỳ χρεμετίσαντος πρὸς τὸ ἵππον τὸν ἐν τῇ εἰκόνι ὡς πρὸς ἀληθινὸν κỳ ἐκεῖνον, ὦ βασιλεῦ (εἶπεν ὁ Ἀπελλῆς) ἀλλ' ὅγε ἵππΘ· ἔοικέ συ γραφικώτερΘ· εἶναι κατὰ πολύ.

Alexander, Ephesi suam ipsius imaginem, quam Apelles pinxerat, contemplatus non laudavit pro dignitate picturæ. Quum autem introductus equus adhinniret equo picto, perinde atque vero, O Rex! (inquit Apelles) hic sane equus artis pingendi peritior quam tu esse videtur. Æliani variæ Historiæ Lib. II. Cap. III. pag. 24. Edit. Argent. M. DC. XLVII.

LETTRE SOIXANTE - ET - DIX - SEPTIEME.

Choang, à Yn-Che-Chan.

JE me suis informé avec soin, cher Yn-Che-Chan, de l'état où se trouve l'étude de la Philosophie chez les Persans. Elle y est fort cultivée; mais elle y a fait cependant beaucoup moins de progrès que chez les Européens. Les Persans sont plus soigneux d'apprendre & de soutenir les opinions des Philosophes qui les ont précédés, que d'examiner si ces Philosophes ne se sont point trompés dans plusieurs choses.

LES Arabes & les Persans, qu'on doit regarder comme leurs disciples en Philosophie, suivent tous unanimement la Péripatéticienne, & reconnoissent *Ariflote* pour leur premier maître. Ils en ont les Ouvrages, traduits en Arabe mot à mot sur l'original Grec; cependant ils s'en servent beaucoup moins que des Commentaires qu'ont écrits sur cet Auteur, *Avicene*, *Cojaneffir*, fameux Persan, & plusieurs autres Philosophes Orientaux. Quelques-uns de ces Commentateurs ont ôsé corriger certains sentimens d'*Ariflote*, sous prétexte qu'ils

avoient été altérés & falfifiés par les Copiſ-
tes; mais ils n'ôſeroient condamner quelque opinion de leur maître ſans cette précaution.

ARISTOTE n'a pas moins de crédit aujourd'hui en Perſe, qu'il en avoit il y a
deux cens ans en Europe. Le ſeul *Abau-
ſaied-Aly* a ôſé écrire un Ouvrage contre
ſa Métaphyſique, il a trouvé preſque autant d'adverſaires & d'ennemis, qu'en ren-
contra *Gaſſendi* lorſqu'il publia un Livre
contre ce Philoſophe Grec. Le Critique
Perſan a été encore moins heureux que le
François: on s'eſt élevé auſſi fortement
contre lui, & l'on n'eſt point revenu
dans la ſuite de la prévention où l'on é-
toit; au lieu que la vérité en Europe a
percé enfin le nuage, & l'on y regarde aujourd'hui tous les plus grands Critiques
d'*Ariſtote*, comme les réparateurs de la
bonne Philoſophie.

LES Perſans eſtiment beaucoup moins
les Ouvrages d'*Averroës* que ceux d'*Avicene*, ſoit qu'ils les trouvent plus obſcurs &
plus embarraſſés, ſoit qu'ils leur ſoient
moins familiers. Pluſieurs perſonnes qui
s'appliquent à Iſpahan à l'étude, en ont
très peu de connoiſſance.

LES Perſans diviſent toute la Philoſophie,
ainſi que les Européens, en trois parties principales, la Logique, la Phyſique & la Métaphyſique. Ils aiment la Logique autant,

& peut-être plus que les Scholaſtiques; cependant il ſe trouve parmi eux de grands Philoſophes qui en font auſſi peu de cas, qu'en faiſoit *Gaſſendi*. Ce fameux reſtaurateur de la Philoſophie ne la mettoit pas au nombre des véritables parties de la Philoſophie, il diſoit que ſi l'œil voioit, l'oreille entendoit, & ſi les autres facultés faiſoient leurs fonctions ſans avoir beſoin d'aucuns préceptes, l'entendement pouvoit bien raiſonner, chercher la vérité, la trouver ſans l'aide de la Logique. *Cojaneſſir*, le même Philoſophe Perſan dont je t'ai déjà parlé, & qui excelloit dans les Mathématiques, diſoit ordinairement dans les dernières années de ſa vie que c'étoit une choſe bien fâcheuſe, que des deux Sciences auxquelles les hommes pouvoient s'appliquer le plus raiſonnablement, c'eſt à ſavoir la Logique & les Mathématiques, la première étoit une Science *fauſſe*, *vaine*, *dont la connoiſſance ne ſert à rien*; & la ſeconde étoit ſi difficile à acquérir, que quoiqu'elle fût vraie & ſûre, on achetoit bien chérement les vérités qu'elle apprenoit. Dans tous les païs, cher Yn-Che-Chan, il s'eſt trouvé de grands perſonnages qui ont reconnu l'inutilité de cette Logique, ſi vantée par tous les partiſans d'*Ariſtote* & par les Européens. Nos compatriotes les Chinois mépriſent avec raiſon cette Science *vaine & fauſſe*, qui n'apprend

qu'à

qu'à raifonner par principes fur des matières qu'on n'entend point, & qui perfuade
à beaucoup de gens qu'ils connoiffent à
fond ce dont ils n'ont aucune véritable
notion.

LA Phyfique n'eft pas moins cultivée des
Perfans que la Logique, ils enferment dans
cette partie de la Philofophie les Mathématiques & la Médecine. L'attachement
pour les opinions anciennes, & la haine
pour les nouvelles ont formé, & forment
encore aujourd'hui deux puiffantes barrières contre les progrès qu'auroient pû faire les Phyficiens Perfans. Jufques dans
ces derniers tems ils ont tous cru que la
plus grande partie de la terre ne pouvoit
être habitée; ils fe figuroient qu'elle na-
geoit dans une vafte mer, comme un me-
lon dans un baffin d'eau, dont la feule partie fupérieure eft découverte. Enfin, les
voïages des Européens par le grand tour
de l'Afrique, les ont fait changer de fentiment. La force des préjugés étoit fi forté
chez eux, que l'expérience ne les a convaincus qu'avec peine; il a fallu qu'ils en
aient vû des preuves réiterées plufieurs
fois.

UN Auteur Perfan, qui vivoit il y a environ huit cens ans, s'avifa de foutenir que
le Monde étoit habité tout allentour, &
qu'il y avoit des Antipodes. Son opinion
parut fi extravagante aux Perfans, que fi

I 2

les

ſes Ouvrages n'avoient pas été d'ailleurs auſſi excellens qu'ils étoient, cela eût ſuffi pour les décréditer & pour les empêcher de paſſer à la poſtérité ; aujourd'hui les Perſans rendent juſtice à cet Auteur, qui excella dans les Mathématiques. Il n'eſt pas étonnant que leurs ancêtres aient paru ſi oppoſés à l'opinion qui admettoit des Antipodes ; avant qu'on les eût découverts, les Européens ne traitoient-ils pas, d'héretiques pernicieux ceux qui ſoutenoient leur exiſtence ? Quels traitemens & quelles perſécutions ne firent-ils pas eſſuier à *Virgile*, un de leurs Pontifes, pour avoir dit la même choſe que l'Auteur Perſan ? Si nous remontons juſques chez les anciens Grecs, nous trouverons que l'opinion des Antipodes qui y avoit été ſoutenue par *Platon*, * n'y avoit pas fait grande fortune, & qu'en général tout le monde la rejettoit ; elle ne trouvoit grace qu'auprès de quelques Philoſophes.

La découverte des Antipodes devroit rendre les hommes (s'ils étoient ſages & s'ils pouvoient profiter des évenemens) plus circonſpects & plus réſervés à rejetter

les

---

* καὶ πρῶτος ἐν φιλοσοφία ἀντίποδα ὠνόμασε.

Et primus in Philoſophia (Plato) *nominavit Antipodas.* Diogen. Laert. *de Vit. Philoſop. Lib,* III. *Segm.* 24.

les opinions que foutiennent les Philofophes, qui leur paroiffent quelquefois ex-
traordinaires, ou fauffes; ils devroient
confidérer que ces grands hommes qui e-
xaminent les chofes avec des yeux plus
clairs que les leurs, découvrent des vérités qui leur font imperceptibles, & qui ne
peuvent être mifes que par l'expérience à
la portée des génies médiocres, & point
du tout par le raifonnement.

QUOIQUE la Philofophie de *Démocrite* &
d'*Epicure* ne foit connue des Perfans que
par ce qu'ils en ont vû dans les Livres
d'*Ariflote* & dans les Commentaires d'*A-
vicene*, ils admettent pourtant la pluralité
des Mondes.

PYTHAGORE eft auffi connu à Ifpahan, que
les autres Philofophes Grecs le font peu.
Sa Philofophie, qui eft celle de tous les
Indiens, a beaucoup de partifans dans ce
païs; ils font divifés en deux Sectes différentes. On les appelle également *Soufys*;
mais ils différent cependant entre eux, &
ne s'accordent pas même fur les points les
plus effentiels. Ceux de la Secte la plus
nombreufe admettent l'ame du Monde. Il
eft vrai qu'ils ont grand foin d'adoucir ce
dogme fi contraire au Mahométifme, ils
ne parlent qu'avec les gens qui font ini-
tiés dans leurs myftères, & lorfqu'ils font
en public, ils agiffent de telle manière que
foit par leurs difcours, foit par leurs ac-

     tions,

tions, ils ne bleſſent point la Religion dominante. Leur premier précepte, c'eſt
que la vraie ſageſſe conſiſte à ne pas troubler le repos & la tranquillité de la Société, en s'élevant indiſcretement contre des
opinions reçues de tout le peuple, & au-
toriſées par les Magiſtrats. Un Européen
qui les a fort fréquentés, & qui a étudié
leurs dogmes avec une attention infinie,
m'a aſſûré qu'un d'eux lui diſoit un jour:
Si vous ne doutez point * *de l'opinion de vos
peres, tenez-vous-y; elle vous ſuffit. Si vous
en doutez, cherchez la vérité doucement, &
ſans inquiéter les autres. Les ſentimens des
Sages doivent être de trois eſpèces: la pre-
miére conſiſte dans les opinions du païs, comme par exemple, la Religion dominante & la
Philoſophie reçue; la ſeconde, dans les opinions qu'il eſt permis de communiquer à tous
ceux qui ſont dans le doute & qui cherchent
la vérité; la troiſième, dans celle que l'on
garde pour ſoi, & dont on ne confere qu'avec
les gens de même ſentiment.*

On ne ſauroit preſcrire, cher Yn-Che-
Chan, des principes qui fuſſent plus utiles
au bonheur des peuples. Si toutes les perſonnes qui ſe ſont érigées en Chefs de Sectes, & qui ont cauſé tant de deſordres dans
l'U-

---

* *Voïages du Chevalier Chardin en Perſe &
autres lieux de l'Orient, &c. Tom. III. Chap. XI.
pag. 211. Edit. d'Amſterdam, in 4. 1725.*

l'Univers, les avoient suivis, l'on n'eût pas vû tant d'hommes s'égorger mutuellement pour soutenir des opinions, souvent fausses, presque toujours inintelligibles. Il faut se conformer aux usages du païs que l'on habite, & tout bon citoien doit pour le bien public ne point heurter certaines coutumes & combattre quelques sentimens, qui, quoique peu conformes à la vérité, ne peuvent être cependant condamnés, sans causer de grands troubles. Un sage Philosophe se contente dans ces occasions de penser sur ces opinions ce qu'il sait qu'on doit en penser, il garde pour lui & pour quelques amis éclairés des découvertes, qui, quoique vraies, seroient pernicieuses si elles étoient publiées.

Si les *Soufys* ont des principes utiles au bien public, ils en ont aussi qui ne le font pas moins aux Philosophes, qui les empêchent de s'enorgueillir de leur science & d'être la dupe de leur amour propre. Ils appellent le *doute, la clef de la connoissance; ils assûrent que qui ne doute point, n'examine point; que qui n'examine point, ne découvre point, est aveugle & demeure aveugle.* Voilà, cher Yn-Che-Chan, à mon avis, des préceptes qui devroient être communs à tous les Savans de l'Univers. Rien n'est plus pernicieux à ceux qui veulent faire quelques progrès dans l'étude de la sagesse, que la prévention d'être assûré des choses les plus douteuses; ce-

I 4

pen-

pendant c'est-là le défaut où tombent journellement les trois quarts des Philosophes Européens & Asiatiques. Quant aux premiers, ils prétendent connoître à fond la nature de l'ame, les causes du mouvement, celles du mal moral & physique; enfin les secrets les plus cachés, si l'on veut les en croire, leur sont ouverts. Malheureusement, lorsqu'ils viennent à expliquer tous ces mystères qu'ils se persuadent d'avoir dévoilés, on trouve que tout ce qu'ils disent n'est appuié que sur de frêles conjectures, & n'a aucun fondement solide; on est étonné que des gens qui parlent sans cesse de *démonstrations d'évidence*, se païent de quelques raisons très incertaines, souvent manifestement fausses, & ôsent ensuite condamner comme des esprits foibles, ceux, qui plus sages qu'eux, doutent de bien des choses, & regardent ce doute comme le seul moïen qui peut leur procurer la connoissance de la vérité.

IL est vrai qu'il y a en Europe quelques grands Philosophes qui pensent aussi sensément que les *Soufys*, & qui croient que *quiconque ne doute point, n'examine point*. Descartes a fondé toute sa Philosophie sur la nécessité de douter: mais il n'a pas long-tems suivi le sage principe qu'il avoit établi; il semble qu'il n'ait voulu paroître incertain pendant quelques momens,

que

que pour être enfuite plus décifif. *Gaf-
fendi* a bien mieux profité que lui de la
loi qu'il s'étoit impofée. Quelques autres
Savans Européens ont imité l'exemple du
difciple moderne d'*Epicure*, & ont
regardé le doute comme *la clef de la connoiffance.*

QUANT aux Philofophes Afiatiques, ils
font en général aufli décififs qu'on puiffe
l'être. Ils difputent avec un entêtement infini, ils fe traitent mutuellement d'aveugles,
d'infenfés ; ils ne ménagent ni les termes
ni les injures. Tous les jours nous voions
à la Chine les partifans des nouveaux
Commentateurs écrire contre les autres
Lettrés & contre les autres Sectes, de la
manière la moins polie. Le Savant *Tche-
cin* * n'a pû fe garantir de ce vice, & fon
excellent Ouvrage eft parfemé de traits
fatyriques & fanglans contre fes adverfaires.

SI l'emportement, l'amour propre, l'entêtement & les préjugés font des défauts
effentiels chez tous les hommes, ils le font
encore bien plus chez les Philofophes,
qui par leur état femblent s'être engagés à
fuivre exactement toutes les vertus morales. Comment croirai-je qu'un homme a
examiné l'opinion qu'il foutient avec
beau-

* *Voi.* la onzième Lettre Chinoife, Tom. I.
pag. 83.

I 5

beaucoup de sang froid, d'impartialité, &
d'attention avant de choisir, lorsque je vois
qu'il la soutient avec un emportement qui
tient de la rage? La vérité ne demande,
pour être prouvée, ni injures, ni mena-
ces; c'est-là le partage du mensonge. Cependant la plûpart des Philosophes veulent établir leurs sentimens par les invectives, & les Théologiens par la force; affreuse conduite, & digne des plus grands
mépris!

IL est tems de finir ma Lettre; dans la
première que je t'écrirai, je te parlerai de
la seconde Secte des *Soufys*.

PORTE-toi-bien.

D'Ispaban, le. . . . ;

✶✶✶✶✶✶✶✶✶✶✶✶QᏅ✶✶✶✶✶✶✶✶✶✶✶

LET. SOIXANTE-ET-DIX-HUITIEME.

Choang, à Yn-Che-Chan.

LEs *Soufys*, cher Yn-Che-Chan, qui
composent la seconde Secte dont je
ne pus te parler dans ma dernière Lettre,
doivent être regardés comme des enthousiastes, bien loin qu'on puisse les soupçonner

ner d'Athéïfme, ainfi que ceux de la première, que les Perfans traitent d'Athées.
On peut dire que la trop grande confiance
qu'ils ont dans la parfaite connoiffance
qu'ils prétendent avoir de la nature divine, eft la principale caufe de leur fanatif-
me. Ils fe vantent de communiquer avec
Dieu, & ils affûrent qu'ils ont avec lui
des unions très intimes, pendant lefquelles
il leur révele plufieurs fecrets.

Les *Soufys* s'affemblent ordinairement
tous les foirs, & fe prenant par la main,
tournent dans leur Temple en remuant la
tête, & criant le plus haut qu'il leur eft
poffible, *Dieu, l'Etre parfait* *. Ils fe
tourmentent & s'échauffent fi fort, qu'ils
tombent enfin par terre, hors d'haleine,
écumant comme des gens attaqués d'un
accident d'épilepfie. A peine font-ils re-
venus de leur foibleffe, qu'ils recommencent le même manège, jufqu'à ce qu'ils re-
tombent encore; cela dure fouvent plus de
deux heures, pendant lefquelles, fi l'on
veut les en croire, ils ont une communi-
cation très étroite avec l'Etre fuprême. Ne
faut-il pas avoir perdu entiérement la raifon, & ne mérite-t-on pas d'être enfermé
avec les fous les plus incurables, lorfqu'on
fe figure que c'eft en extravagant qu'on fe
rend digne des graces de la Sageffe infinie,

&

* En Perfan, *Heu Hou.*

& en se privant du jugement & de la connoissance , qu'on mérite d'être instruit par le souverain Maître de la
Science?

CONSIDERES, je te prie, cher Yn-Che-
Chan, jusqu'où ne va point la bizarrerie
de l'esprit humain, & examines si nous
voions dans les animaux qui nous paroiffent les plus lourds, des foiblesses d'esprit
aussi grandes que celles des *Soufys*.

Tu diras peut-être que ce qui fait que
nous n'appercevons point de pareils égare-
mens dans les bêtes, c'est qu'elles sont pri-
vées de la raison, & qu'elles agissent toujours uniformement & selon l'instinct qui
les conduit. Je te repondrai que s'il est
vrai, ce qui ne me le paroît point, que
les animaux ne soient pas susceptibles de
raisonnement, j'aimerois cependant encore mieux cet instinct invariable qui les conduit, qui les guide sagement, que cette
raison vacillante qui très souvent ne sert
de rien aux hommes, qui les abandonne,
qui les livre aux folies les plus ridicules,
qui les laisse enfin tomber dans les erreurs
des enthousiastes.

LES Persans ne sont pas les seuls qui
aient eu chez eux des exemples aussi sensibles & aussi déplorables de la foiblesse de
cette raison humaine, que l'on préfere a-
vec tant de hauteur & avec si peu de fondement à l'instinct des bêtes. Les Européens,

péens, qui se piquent d'être les peuples
les plus éclairés de l'Univers, qui de trois
mots qu'ils disent, en emploient un à faire l'éloge de leur raison, ont eu de tout
tems parmi eux un nombre infini d'enthousiastes. L'Espagne a produit les *Illuminados,*
l'Italie les *Molinosistes,* la France, cette
France si raisonnable & si spirituelle, les
Quiétistes, les *Fanatiques Cévenois.* Aujourd'hui elle nourrit dans son sein quatre
ou cinq mille *Convulsionnaires Jansénistes,*
& un million de personnes qui ajoutent foi
aux convulsions, & les regardent comme
venant d'un ordre immédiat du Ciel. Je
ne fais aucune distinction, cher Yn-Che-
Chan, entre la folie de ceux qui ont des
convulsions, & de ceux qui les approuvent; la folie ne consiste pas moins à approuver des extravagances qu'à les faire. La
raison n'est pas moins perdue chez celui,
qui, pour excuser des extravagances,
n'attend que l'occasion, que chez celui qui
les fait actuellement ; la seule différence
qu'il y a entre ces deux fous, c'est que les
accès de l'un sont un peu plus sensibles
aux spectateurs que ceux de l'autre.

Revenons aux *Soufys,* cher Yn-Che-
Chan. Outre leurs cris & leurs tournoie-
mens, ils ont encore une autre manière
d'entrer en extase, de laquelle à coup sûr
tu n'as aucune idée; c'est de tenir la tête
droite inclinante, & de se regarder fixe-
ment le bout du nez. Aurois-tu cru que
l'E.

l'Etre suprême allât se placer sous le bout du nez des *Soufys*, comme un merle sur la branche d'un arbrisseau ; ou plûtôt aurois-tu pensé qu'il y eût des hommes assez fous pour se persuader que de pareilles impertinences les unissent d'une façon immédiate avec la Divinité ?

Je soupçonne que la cause principale du dérangement de l'esprit des *Soufys* provient des longs & fréquens jeûnes qu'ils pratiquent, qui leur affoiblissent excessivement le cerveau : ils restent souvent vingt-quatre heures sans prendre aucune nourriture, quelquefois ils passent cinq six jours, pendant lesquels ils ne mangent que des fruits secs ; encore est-ce en très petite quantité. Ils font toutes les années, à l'exemple des Chrétiens, un jeûne de quarante jours, durant lesquels ils s'enferment dans une espèce de niche, semblable à celle où se mettent les Bramanes Indiens qui font pénitence. Ils méditent sans cesse, ils s'empêchent de dormir autant qu'il leur est possible, peu-à-peu ils diminuent si fort leurs alimens, que dans les derniers jours douze amandes suffisent pour leur nourriture. Doit-on s'étonner après cela, qu'en sortant d'une retraite aussi lugubre, & aiant essuié une aussi grande inanition, leur cerveau soit entiérement perdu par la foiblesse, & leur esprit rempli de visions les plus folles,

qui

qui leur paroiſſent autant de révelations ?
C'eſt par la même raiſon que tant de Bramanes Indiens & tant de Moines Européens deviennent journellement inſenſés, & ſe figurent de connoître l'avenir, de lire dans les cœurs, & d'être les interprêtes du Ciel.

Si les *Soufys* enthouſiaſtes ſont auſſi fous que les Fanatiques & les Convulſionnaires Chrétiens, ils ont du moins une morale beaucoup plus belle. Un Européen me diſoit il y a quelques jours, qu'il n'eſt rien de ſi intolérant, de ſi perſécuteur & de ſi cruel que les enthouſiaſtes François : ils ne parlent que de détruireceux qui ne penſent pas comme eux, quede les contraindre par le fer & par le feu ; leurs maximes n'ont été que trop ſouvent pratiquées dans leur païs. Quant aux *Soufys*, ils font profeſſion d'aimer tout le monde, ils ne maudiſſent jamais perſonne, ils abhorrent toutes les excommunications, ils diſent que tous les hommes ſont freres & enfans d'un pere commun, & que Dieu regarde les diverſes Sectes, commun un Souverain conſidére les différens ſujets qu'il a. Il n'aime pas moins ceux qui naiſſent dans un païs chaud, qui s'habillent legérement, que ceux qui habitent ſous un climat froid, portent de gros vêtemens ; pourvû qu'ils lui ſoient fidèles, tous lui ſont également chers. Il en eſt de même de l'Etre ſuprême, me, les Religions les plus simples lui font aussi agréables, que celles qui prescrivent un grand nombre de préceptes.

LES *Soufys* ne pratiquent les purifications corporelles des Mahometans que par complaisance ; dans le fond ils n'en font nul compte, puisque par leurs principes le culte de l'Etre suprême doit être intérieur, & consiste véritablement dans la pureté du cœur, & non point dans celle du corps. Des gens qui pensent aussi sensément, devroient-ils penser aussi mal, aussi follement sur d'autres choses ? Voilà encore une nouvelle preuve, cher Yn-Che-Chan, de la legéreté, de l'inconstance & de la bizarrerie de cette raison dont les hommes font tant de cas. Pour moi, examinant la différence des opinions de la plûpart des foibles humains, en les voiant sages un moment, insensés un instant après, raisonnables quelques minutes ensuite, je suis tenté de croire qu'ils ont reçu le don de raisonner, de la même manière que le calme arrive sur la mer. Le moindre vent le fait finir, il n'est jamais assûré de durer un quart d'heure, il est le joüet d'un Etre plus fort que lui. Les passions, les préjugés, les alimens, les accidens auxquels le corps est sujet, font des vents impétueux qui troublent le calme de l'ame, & la raison court risque chaque instant d'être bannie, sans

pou-

pouvoir éviter, ni prévoir son exil. C'est
en vain que certains Philosophes rêveurs
prétendent que l'homme est toujours le
maître de son sort : cette opinion n'est fondée que sur l'amour propre ; l'expérience
en démontre la fausseté journellement.
Nous voions que les plus grands hommes
ont souvent eu les plus grandes foiblef-
fes, & que les plus illustres Philosophes ont
fait les plus grandes folies. *Zénon*, ce fameux Chef des Stoïciens *, s'étrangla, parce qu'il avoit fait une chute, & se figura
que les Parques lui faisoient entendre par
cet accident qu'il devoit se disposer à faire
le voïage de l'autre Monde. Après un pareil exemple, n'est-on pas en droit de s'é-
crier avec un Auteur François qui t'est fort
con-

* ἐτελεύτα δὴ οὕτως· ἐκ τῆς σχολῆς ἀπιὼν
προσέπταισε, καὶ τὸν δάκτυλον περιέρρηξε·
παίσας δὲ τὴν γῆν τῇ χειρί, φησὶ τὸ ἐκ τῆς
Νιόβης,

Ἔρχομαι, τί μ' ἀΰεις;

καὶ παραχρῆμα ἐτελεύτησεν, ἀποπνίξας
ἑαυτόν.

Cum abiret e schola, offendit, digitumque per-
fregit. Manu vero terram feriens, dixit
illud e Niobe, En adsum, quid me, oro,
vocas?
Continuoque se strangulans, interiit. Diogen Laert.
de Vit. Philosoph. Lib. VII. Segm. 28.

connu: * *De quoi se fait la plus subtile folie, que de la plus subtile sagesse? Il n'y a qu'un tour de cheville à passer de l'un à l'autre.*

Lorsqu'on fait attention à la mort extravagante & criminelle de *Zénon*, dont la morale étoit si sévère, l'on n'est plus étonné que celle des *Soufys* soit aussi belle dans certains points, & aussi insensée dans quelques autres. On conclut de tous ces différens exemples que les hommes ne peuvent jamais être regardés comme véritablement sages, qu'ils flottent sans cesse entre la vérité & le mensonge, & que le plus sensé est celui qui est le moins extravagant. Quelque marque de jugement que donne une personne, il faut bien se garder de penser qu'elle ne peut se tromper: si elle a toujours été éclairée par la raison, un instant peut la lui enlever. Qui est-ce qui nous assûrera qu'elle continuera toujours d'être raisonnable? Sera-ce la réputation qu'elle a acquise? Mais voilà *Zénon* qui en avoit une si brillante, & qui se pend lui-même. Sera-ce les Ouvrages qu'elle a donnés au Public, & ceux auxquels elle travaille actuellement, qui sont remplis de préceptes aussi utiles que sensés? Ils ne sauroient l'être davantage que ceux qu'on trouve dans les

* Essais de *Michel de Montagne*, Liv. II. pag. 189.

les Livres des *Soufys.* Juges-en, cher Yn-Che-Chan, par quelques-uns de ceux qu'on y trouve. N'engagez pas * difent-ils, la converfation avec le premier-venu; mais tenez-vous tournés vers Dieu en toutes rencontres. Ne ceffez jamais de pouffer des foupirs vers Dieu, ni de publier fa gloire & fes graces; ainfi vous poffederez pleinement la véritable vie en ce Monde & en l'autre. L'ame, éclairée des lumières du Ciel, eft le miroir où fe découvrent les fecrets les plus cachés. O ardeur de l'amour de Dieu! venez à mon fecours, afin que nous brulions fans ceffe l'un & l'autre; car il faut bruler ainfi pour dire l'état d'un cœur enflammé d'amour. La fource du parfait plaifir eft dans le fein de l'objet aimable; pour moi, je ne travaille à autre chofe qu'à me jetter à corps perdu dans cet abîme. O vous, qui me conviez aux délices du Paradis! Ce n'eft pas le Paradis que je cherche, je cherche la face de celui qui fait le Paradis.

As-tu jamais rien lû, cher Yn-Che-Chan, dans tous les Livres que nous ont prêtés nos amis les Miffionnaires, rien d'auffi beau, rien d'auffi fort, & rien d'auffi touchant fur la reconnoiffance des créatures pour leur Créateur, & fur l'amour qu'ils doivent avoir pour lui? Je t'avoüerai que je n'ai
rien

---

* *Voïage de Mr. Chardin en Perfe,* &c. Tom. III. *pag.* 113. *Edit. in* 4.

rien trouvé de pareil dans tous les Livres de dévotion, écrits par nos Jésuites. Il semble que ces Européens affectent de ne vouloir qu'on aime l'Etre suprême que par la crainte de perdre ses bienfaits, ils parlent toujours d'éviter leur Enfer & leur Purgatoire; on diroit qu'ils écrivent pour l'instruction d'une foule d'esclaves qui gémissent sous le joug d'un tyran sévère, dont ils doivent plûtôt songer d'éviter la cruauté que de captiver l'amitié.

Les *Soufys* me paroissent raisonner bien plus dignement que les Théologiens Chrétiens, & dans ce qui regarde l'idée qu'on doit avoir de l'amour de Dieu, nos amis les Missionnaires sont très inférieurs aux Persans. Ils seroient fâchés si je leur apprenois mon sentiment; ils étoient piqués au vif, lorsque je leur reprochois en badinant leur relâchement sur un point aussi essentiel. ,, Je dois être, leur disois-je, plus ,, cher à l'Etre suprême, moi qui ne suis ,, point Chrétien, que vous autres qui faites ,, tes gloire de l'être; car je l'aime, non ,, par la crainte du mal qu'il peut me faire, ,, dont je n'ai aucun souci; mais par les ,, bienfaits réitérés que j'en ai reçus. Mon ,, amour est celui d'un galant homme, il ,, est desintéressé, il part d'un cœur re,, connoissant; mais votre conduite est ,, celle d'une ame servile. Cependant, par ,, votre Religion vous avez bien des obli-

,, ga-

„ gations plus essentielles que moi à
„ la Divinité. Vous croiez qu'elle
„ a envoié son Fils sur la terre, qu'el-
„ le a souffert qu'il prît un corps hu-
„ main, qu'il fût crucifié pour effacer
„ vos péchés, & tant de bontés, ne
„ sont païées d'aucun amour. Vous son-
„ gez seulement, en servant cette Di-
„ vinité, à vos intérêts, & point du
„ tout à ce que demandent de vous
„ les biens & les faveurs dont elle
„ vous a comblés. Ho! qu'il faudroit
„ qu'elle fût injuste, si elle punissoit
„ celui qui l'aime, & récompensoit
„ celui qui ne fait que la craindre. „

PORTE-toi-bien.

D'Ispahan, le . . .

LET. SOIXANTE-ET-DIX-NEUVIEME.

Sioeu-Tcheou, à Yn-Che-Chan.

DEPUIS quelques jours je me prépare, cher Yn-Che-Chan, à partir de Paris. Mon dessein est de traverser une partie de l'Allemagne, je me rendrai ensuite en Pologne, de là j'entrerai dans la Tartarie, d'où je me rendrai dans notre chere patrie. Le voïage que je vais entreprendre, est long & pénible ; mais puisque j'ai déjà passé tant de mers pour venir en France, je veux que mon retour à la Chine acheve de me donner une véritable idée de tant de peuples que je ne connois que par des rélations souvent menteuses, presque toujours confuses, dans lesquelles il faut chercher avec peine quelques choses utiles & intéressantes parmi un grand nombre de superflues & d'ennuiantes.

La plûpart des voïageurs ne parlent que de la grandeur des fleuves qu'ils ont traversés, que de la hauteur des montagnes qu'ils ont vûes, que des marchandises qui se vendent dans les villes. Tout cela est bon pour des Géographes, ou pour des Négo-

Négocians ; mais quel profit peut en retirer un Philofophe qui cherche de connoître le cœur humain, qui veut examiner les
hommes dans tous les païs, pour mieux découvrir la différence que mettent parmi eux
l'oppofition du climat, la diverfité de Religion, l'éducation, les préjugés & les
mœurs. Je t'avoüe, cher Yn Che-Chan,
que je m'eftimerois bien malheureux, fi en
retournant à la Chine, je ne rapportois
d'autre fruit de mon voïage que de favoir
que les rües de Paris font fort larges ; que
les maifons y font très élevées ; que les
habitans aiment la parure, & portent des
habits courts & étroits ; que les draps &
les étoffes de foïe y font très communes ;
que les Prêtres ont des robes noires & longues, qu'ils chantent dans les rues lorfqu'ils font des proceffions, & qu'ils ne fe
marient pas. Combien de voïageurs n'y
a-t-il pas, dont les rélations fe bornent à
ces détails peu inftructifs. Pour un qui entre dans le génie des Nations qu'il a par-
courues, qui développe leurs mœurs, leur
croiance, les idées qu'elles ont du culte
divin, les intrigues & les cabales de leurs
Prêtres, l'étendue de leurs connoiffances
dans les Sciences ; vingt autres ne font
mention que de quelques particularités qui
ne peuvent être d'aucun ufage pour la véritable Philofophie. J'appelle la véritable
Philofophie, celle qui rend les hommes

 meil-

meilleurs, qui leur apprend à dompter leurs passions, qui leur inspire l'amour de la vertu & l'horreur du vice. Or, la seule étude de la Morale produit tous ces effets merveilleux.

On peut être grand Physicien, grand Astronôme, grand Géomêtre, & n'être point honnête homme; mais l'on ne sauroit suivre & pratiquer une bonne Morale, sans être véritablement vertueux. J'estime donc beaucoup plus les voïageurs qui peuvent instruire le cœur, que ceux qui ne satisfont que l'esprit; & quoique j'approuve les réflexions qui peuvent servir à l'avancement & à la perfection de la Physique, je leur préfere cependant celles qui contribuent à l'établissement d'une saine Morale, qui font connoître les erreurs, les vices & les défauts des peuples, qui instruisent de leurs bonnes qualités, & les proposent comme des exemples à imiter.

Je mets autant de différence entre un voïageur Moraliste & un voïageur Physicien, qu'entre un homme qui me guide vers la vertu, qui forme mes mœurs, qui me fournit des moïens pour me garantir du vice, & un autre qui m'enseigne les causes cachées & incertaines du reflux de la mer, qui m'apprend les différens systêmes des Philosophes également opposés les uns aux autres, qui m'instruit des conjectures

que

que quelques hommes hardis ont voulu faire recevoir pour des vérités évidentes. Tout cela me divertit, m'amufe; mais ne me rend ni plus fage, ni plus modefte, ni plus charitable. Or, puifque la vertu eft le fouverain bien, qu'elle feule peut nous rendre heureux, que fans elle nous déclinons de notre état & nous nous rabaiffons à celui des bêtes, je dois, fans héfiter, préferer tout ce qui m'inftruit, à ce qui ne fert qu'à m'amufer.

On ne fauroit regarder, quoi qu'en difent certains Savans, la Phyfique, les Mathématiques, &c. que comme de fimples amufemens; ces Sciences par elles-mêmes n'ont jamais rendu meilleur un homme, qu'il ne l'étoit avant de les favoir. Hé quoi! parce qu'une perfonne connoîtra que ce n'eft point le Soleil qui tourne autour de la terre, mais au contraire que c'eft la terre qui tourne autour du Soleil, elle aura plus de bonne foi & de retenue? Parce qu'elle aura découvert que la Lune eft un corps opaque qui reçoit fa lumière du Soleil, elle fera plus charitable? Parce qu'elle verra par le moïen des lunettes le cours & les révolutions de certaines Planètes, elle fera plus modefte? Au contraire, toutes ces connoiffances ne ferviront fouvent qu'à la rendre plus vaine, plus orgueilleufe. Deux mois d'étude d'une bonne & faine Morale lui auroient été plus utiles, que dix ans d'application à des fpécula-

K 5

tions,

tions, dont son ame n'a reçu aucun a-
vantage.

Si l'homme n'est estimable qu'autant
qu'il est bon, juste, équitable, qu'il
instruit ses concitoiens par ses discours & par ses actions, combien
Socrate, le pere de la bonne Morale,
n'est-il pas préferable à *Aristote*, dont les
Anciens & les Modernes ont si fort vanté
la Physique? Ce premier étoit véritablement le maître de ses passions; c'étoit à
lui à qui convenoit le nom de Philosophe.
Le second étoit un homme avare, ambitieux, assez abandonné à l'impudicité
pour faire des sacrifices à l'honneur d'une
concubine. A quoi lui servoient toutes ces
connoissances Physiques, de quel usage
lui étoient-elles pour acquérir la vertu?
N'eût-il pas mieux valu pour lui qu'au lieu
de passer tant d'années à connoître la nature de tant d'animaux & à en écrire l'histoire, il se fût étudié assez lui-même pour
ne point donner dans les excès les plus
vicieux, & pour ne point attacher une no-
te éternelle d'infamie à la Philosophie, en
montrant par son exemple les crimes que
commettent ceux qui passent pour y ex-
celler le plus?

Tous les siécles nous fournissent des histoires des Philosophes, Physiciens & Mathématiciens aussi scandaleuses que celle
d'*Aristote*. *Xénocrate* coucha, étant yvre,
avec

avec une fille publique; *Cratès*, aiant épousé *Hyparchia*, la conduisit sous le portique d'Athènes. Là il se mit en devoir de consommer son mariage aux yeux d'une foule de spectateurs. Il eût réellement exécuté une pareille infamie, si un de ses amis n'eût étendu son manteau autour de lui & d'*Hyparchia*, & dérobé par ce moien à la curiosité des assistans l'impudicité de *Cratès* & de son épouse.

JE passe sous silence tant d'autres actions des Philosophes Cyniques. Je ne finirois point, si je voulois rapporter toutes les infamies que les anciens Auteurs en ont transmises jusqu'à nous. Je viens à des crimes d'une autre espèce. *Empedocle* le Physicien se jetta dans un gouffre du Mont Etna, pour qu'on crût, ne le voiant plus reparoître, qu'il avoit été changé en Dieu. Peut-on voir une vanité plus criminelle & plus insensée? L'étude de la Morale auroit fait sur cet esprit orgueilleux un effet bien différent que celui de la Physique.

LES Modernes n'auroient pas eu moins besoin que les Anciens, d'emploier à se connoître, ces mêmes parties du tems qu'ils ont donné à l'examen des Phénomènes de la Nature. *Descartes* auroit appris à modérer sa vanité, à traiter avec plus de politesse les Savans respectables contre lesquels il écrivoit. *Leibnitz* se seroit moins

loüé

loüé lui-même, n'auroit pas flatté souvent de malhonnêtes gens parce qu'ils lui donnoient des loüanges, & prodigué des éloges à plusieurs ignorans, parce qu'ils faisoient le sien dans toutes les occasions. *Newton*, par une fantaisie mal placée de paroître universel, n'auroit point commenté l'Apocalypse, & fait un Ouvrage plus digne d'un enthousiaste que d'un Philosophe.

CONVENONS, cher Yn-Che-Chan, que l'étude de la Morale n'occupe point en général les Philosophes Européens ; ils l'effleurent, plûtôt qu'ils ne l'approfondissent. Bien différens en cela des sages disciples de *Confucius*, qui en font toute leur vie leur principale étude, & qui y ramenent toutes les autres Sciences auxquelles ils s'appliquent : aussi savent-ils en rendre les principes aimables & familiers aux esprits les plus simples. On peut dire que si les Chinois sont ceux qui étudient le plus la Morale, ce sont ceux aussi qui savent le mieux la montrer aux autres : ils sont clairs, précis, aisés dans leurs préceptes ; ils ne cherchent point par une vaine gloire à augmenter le nombre de leurs disciples, mais à former les mœurs de ceux qu'ils instruisent ; ils s'accommodent à la portée du peuple, bien différens en cela des Savans Européens, qui semblent affecter de n'être

tre

tre intelligibles qu'à un petit nombre de personnes, comme s'ils étoient jaloux de leurs connoissances, & qu'ils craignissent de les rendre trop publiques. Qu'arrive-t-il de là? Que le gros d'une Nation croupit dans l'ignorance, que le peuple n'a aucune véritable idée de la vertu, & que les plus grands crimes deviennent communs. Nos sages Lettrés préviennent ces inconvéniens, ils impriment dans le cœur des plus petits particuliers, avec toute la force qu'il leur est possible, les principes fondamentaux de la Morale. Les Juges & les Gouverneurs des provinces sont responsables des crimes qui peuvent se commettre dans leurs départemens contre ces principes, comme n'aiant pas pris soin de l'instruction des sujets que le Prince leur avoit confiés. Si un enfant s'emporte jusqu'à dire des injures à son pere, s'il viole le profond respect qu'il doit à l'auteur de sa vie, il est puni d'un rigoureux supplice, & les Magistrats de la ville où il demeure, sont févérement reprimandés ; mais si par hazard il se trouve quelque monstre assez dénaturé pour tuer son pere dans un transport de fureur, ce crime énorme jette toute une province dans le deuil & dans l'affliction. Le Prince dépose les Mandarins, comme indignes de remplir les emplois qui leur sont confiés; on les regarde comme complices du crime qui fait honte à toute la

Na-

Nation. On est persuadé que ce malheureux enfant n'a pû se rendre coupable d'un si horrible attentat que par dégrés, * & qu'on auroit prévenu ce scandale, si ceux qui devoient veiller à sa conduite, eussent puni d'abord les premières fautes, échappées à un si mauvais naturel. Le plus cruel supplice n'est pas capable d'expier un si grand crime. On le condamne à être coupé en mille piéces, on détruit sa maison, & l'on dresse un monument qui instruit la postérité de ce forfait, & qui inspire l'horreur qu'il convient d'en avoir.

Les Chinois n'ont point été les seuls, cher Yn-Che-Chan, qui aient cru avec raison qu'il y avoit certains crimes qui des-honoroient toute une Nation, quoiqu'ils n'eussent été commis que par un seul particulier. Les anciens Persans pensoient de même qu'eux, & ils regardoient le parricide comme un forfait si affreux, qu'ils aimoient mieux soutenir qu'il étoit impossible qu'il pût être commis, que de chercher des supplices pour le punir. Hérodote † nous apprend qu'ils prétendoient que personne n'avoit jamais tué son pere ou sa mere; mais que si cela étoit arrivé, on avoit re-

---

* Voiez la Description de l'Empire de la Chine, &c. par le P. du Halde, Tom. III. pag. 156.

† Histoire d'Hérodote, Liv. I. pag. 64. Edit. in 12. de la Traduction de du Ryer.

reconnu, *après avoir examiné la chose, que ceux qu'on croioit parricides, étoient des bâtards, ou des enfans supposés, & qu'il n'étoit pas vraisemblable qu'un pere pût être tué par ses enfans.* Le sentiment des Perses fait honneur à leur façon de penser ; mais malheureusement il est manifestement faux. A la honte de l'humanité, il s'est trouvé des peuples entiers qui ont regardé comme un devoir des enfans, d'ôter la vie à leurs peres lorsqu'ils devenoient trop vieux. Voilà donc l'impossibilité du parricide entiérement détruite; si elle étoit dans l'ordre des choses physiquement impossibles, le parricide ne pourroit jamais arriver, sous quelque prétexte que ce fût. Malheureusement pour les hommes, dès que la vertu les abandonne, ou que les préjugés les aveuglent, il n'est aucun crime qu'ils n'aient le pouvoir de commettre. On ne sauroit donc leur inspirer trop d'horreur pour tous les vices, & sur-tout pour ceux qui font fremir la Nature. Les Persans visoient au même but que les Chinois ; mais c'étoit par des chemins différens.

Je parlois un jour à ce sujet avec un François, qui me raconta une histoire qui me sembleroit favoriser la conduite des Persans, & la préferer à celle de nos compatriotes. ,, Dans une ville, me dit-il, ,, capitale d'une des provinces du Roi-

,, au-

,, aume, il arriva une hiſtoire bien tra-
,, gique & bien cruelle. Une jeune ber-
,, gère avoit un amant qu'elle aimoit
,, beaucoup. Son pere l'avoit flattée de le
,, lui donner pour mari; tout-à-coup, ſoit
,, par caprice, ſoit par raiſon, il changea
,, de ſentiment. Cette fille fut ſi outrée
,, de la réſolution de ſon pere, que
,, n'aiant pû l'en faire revenir, dans un
,, tranſport de fureur & de colère elle l'é-
,, gorgea, lui ouvrit enſuite l'eſtomac,
,, lui arracha le cœur, le fit cuire ſur un
,, gril, & le mangea avec une avidité qui
,, égaloit ſon déſeſpoir & ſa rage. A-
,, près une action auſſi épouvantable, ſa
,, phréneſie ne fut point calmée, elle
,, augmenta au-contraire. Elle pouſſoit
,, des cris affreux qui attirerent les voi-
,, ſins; ſurpris d'un ſpectacle pareil, ils
,, reſtent immobiles & perdent preſque l'u-
,, ſage de tous les ſens. Ils ſont bien-tôt
,, rappellés à eux-mêmes par quelque cho-
,, ſe de plus odieux que ce qui cauſoit
,, leur ſurpriſe. La fille leur offre un
,, morceau du cœur de ſon pere: *Goutez,*
,, leur dit-elle, *j'ai mangé le reſte, il étoit*
,, *délicieux.* A ces mots l'horreur fait pla-
,, ce à l'étonnement, on ſe ſaiſit de cette
,, malheureuſe fille, on la conduit dans
,, les priſons. Malgré les marques écla-
,, tantes de phréneſie, elle fut condam-
,, née par les premiers Juges à être tenail-
,, lée

,, lée & brulée. Cette sentence aiant été
,, portée au Parlement, plusieurs Magis-
,, trats étoient d'avis de la confirmer, par-
,, ce qu'il paroissoit que lorsque cette fille
,, avoit tué son pere, elle n'étoit point en-
,, core entiérement folle, & que sa phré-
,, nesie n'avoit commencé qu'après une e-
,, xécution aussi affreuse. Un ancien Con-
,, seiller s'opposa à cette opinion, il sou-
,, tint qu'il étoit impossible qu'un crime
,, aussi énorme pût être commis par une
,, personne qui n'étoit point totalement
,, privée de raison. *Et quand il seroit vrai,*
,, *dit-il, que cela fût arriver, puisque*
,, *cette fille est actuellement réellement*
,, *folle, que nous n'en pouvons douter, nous*
,, *devrions saisir ce prétexte pour sauver non*
,, *seulement l'honneur de toute la Nation ;*
,, *mais celui du genre humain. Il est des cri-*
,, *mes qu'il est utile de faire croire aux hom-*
,, *mes qu'ils ne peuvent être exécutés par des*
,, *créatures qui conservent encore quelque om-*
,, *bre de raison.* " L'opinion de ce Magis-
,, trat fut suivie, la fille fut condamnée à
,, être enchainée le reste de sa vie dans une
loge des Petites-maisons. Je l'ai vûe depuis
son arrêt plusieurs fois, elle est toujours
dans les accès d'une fureur presque con-
vulsive ; & lorsqu'on lui demande ,, Le cœur
étoit-il bon ? ,, *Très bon, très-bon,* dit-elle,
je voudrois bien encore manger le tien. *

Voi-

---

* Toute la Provence a vû pendant dix ans
cet.

VOILA, cher Yn-Che-Chan, les malheurs auxquels font sujets les foibles humains. Que leur fort est à plaindre, & que ceux d'entre eux, qui se glorifient si fort de leur état, doivent peu connoître les revers auxquels il est sujet, qui font souvent occasionnés par les accidens les plus simples! Que faut-il pour nous faire perdre la raison que nous vantons si fort? un petit mouvement qui se fait dans le cerveau, un nerf qui s'affecte un peu différemment de ce qu'il doit, une goute d'eau qui en remplit quelque petit endroit. Quel sujet de crainte & d'humiliation, lorsqu'on pense que l'homme le plus sensé n'est jamais assûré de l'être un quart d'heure, & que la conservation de la raison ne dépend guères plus des hommes, que celle de la vie. Après cela, berçons-nous de mille chimères, appellons-nous Rois des animaux, figurons-nous que tout ce vaste Univers n'a été fait que pour nous; nous voilà déjà à moitié fous, nous n'avons plus guères de chemin à faire pour le devenir entiérement.

PORTE-toi bien, je t'écrirai encore une fois avant de partir de Paris.

De Paris, le ...

cette misérable fille. Le fait que je te rapporte est très certain, elle vivoit encore il y a quatre ans; je crois que dans le moment que j'écris ceci, elle n'est point encore morte.

LET.

LETTRE QUATRE-VINGTIEME.

Sioeu - Tcheou, *à* Yn-Che-Chan.

AUx grands Auteurs François dont tu as lû les Ouvrages depuis dix ans, & que tu difois t'avoir fi amplement récompenfé du tems que tu avois emploié à apprendre leur Langue, ont fuccédé plufieurs Ecrivains, dont les Ouvrages ne font que des rapfodies ou des contes, plus propres à amufer des femmes oifives, qu'à plaire à des gens qui fe font formé le goût par des lectures, également agréables & utiles. Ce n'eft pas qu'il ne refte encore quelques perfonnes qui fuivent les exemples que leur ont donnés les grands modèles qui les ont précédées; mais en général prefque tous les Auteurs François ne cherchent aujourd'hui qu'à plaire à un grand nombre de gens, auquel ils donnent le nom de *Public.* Nous croions à la Chine que le véritable Public des Savans eft une certaine quantité de perfonnes qui ont véritablement de l'efprit; à Paris au contraire, ces perfonnes ne font prefque comptées pour rien par la plûpart des Auteurs; ils cherchent l'approbation de la multitude. Dix fem-

mes

mes qui à peine favent lire, fix Petits-maîtres qui n'ont pas le fens commun, & trois
Abbés qui ne font occupés que de leur fri-
fure, l'emportent fur trois ou quatre connoiffeurs, euffent-ils le goût délicat d'*Ho-
race* & l'érudition de *Varron*. Pour auto-
rifer un abus auffi confidérable, qui tôt ou
tard ruinera entiérement les Belles-Lettres
en France, ces Auteurs méprifables difent
que le Public n'aime aujourd'hui que la
bagatelle, qu'il faut contenter fon goût,
qu'on écrit pour fon fiécle, & non pas
pour ceux dans lefquels on ne vivra plus.

Ces mauvais raifonnemens couvrent une
partie des défauts & du peu de génie de
ceux qui les font : ils femblent vouloir
faire entendre que s'ils ne donnent point
des Ouvrages plus parfaits, ce n'eft pas
leur faute; mais celle de leurs compatriotes. Cependant rien n'eft fi frivole que
cette excufe ; car fi la France n'a jamais
été auffi fertile en mauvais Auteurs qu'elle l'eft aujourd'hui, elle n'a peut-être auffi jamais eu tant de Lecteurs capables de
juger d'un bon Livre. Les différentes Editions qu'on fait tous les jours des Oeuvres
de *Locke*, de *Bayle*, de *Leibnitz*, prouvent affez qu'il y a un nombre confidérable de perfonnes qui aiment à lire d'autres
Livres que des Romans, des hiftoriettes &
des contes.

Les mauvais Ecrivains, dont non feulement

ment la France, mais même l'Europe fourmille aujourd'hui, ne nuisent pas simple-
ment à leurs concitoiens par les mauvais
Ouvrages qu'ils leur donnent ; mais ils des-
honorent leur goût & leur discernement :
il ne tient pas à eux qu'on ne les regarde
tous comme des gens sans jugement & sans
esprit. Leur intérêt & leur amour propre leur font repeter sans cesse que
l'on n'aime plus que des bagatelles ;
à la faveur du goût du siécle, ils pensent autoriser leurs fades & insipides
productions. S'ils avoüoient qu'il y a plusieurs personnes d'un mérite distingué qui
ne se laissent point entraîner au torrent,
qui jugent aussi sagement que les autres a-
vec peu de connoissance, ils craindroient
qu'on ne leur dît, *Pourquoi ne tâchez-vous pas
de leur plaire?* Dès lors ils seroient obligés de cesser d'écrire : leurs petits contes,
leurs histoires galantes, cela ne seroit plus
de mise ; il faudroit que le bon sens, que
l'érudition, que la justesse du raisonnement
prissent la place du faux brillant, de l'ignorance & des pensées froides, ou alambi-
quées. Il est donc bien plus commode
pour eux de dire qu'ils n'ôseroient se pro-
poser d'être utiles, qu'ils se conforment à
la mode, qu'ils écrivent comme on l'exige d'eux ; leur conscience n'est pas assez
délicate pour être allarmée d'un mensonge.

Il faut pourtant avoüer, cher Yn-Che-
L 3 Chan,

Chan, à la honte des Européens, qu'il est vrai que le plus grand nombre chez eux préfere la bagatelle au solide. Pour une personne qui lira un bon Livre, trois autres dévoreront avec une avidité infinie quelque mauvais Roman ; mais un homme de sens, un Savant peut-il faire quelque cas de ces Lecteurs ? Et ne doit-il pas préferer le Public éclairé au Public ignorant, quoique moins nombreux que ce dernier ? S'il n'y avoit plus de gens de goût en Europe, je passerois à un Auteur de s'avilir assez pour publier des rapsodies, puisqu'il y en a encore assez pour acheter dans peu de tems plusieurs Editions d'un Ouvrage. Je ne puis me persuader qu'un homme qui a véritablement de l'esprit, qui peut faire quelque chose digne de passer à la postérité, aille se dégrader, se rendre méprisable à tous les véritables connoisseurs, pour avoir quelques Lecteurs de plus. Tout homme de bon sens ne sera jamais la dupe du prétexte à la mode des mauvais Auteurs, & sera fermement persuadé que s'ils pouvoient faire quelque chose de bon, ils cesseroient de travailler pour des sots, ou des ignorans.

Je parlois il y a quelques jours avec un Savant qui s'est acquis en Europe une grande réputation, dont les Ouvrages se sont très bien vendus, & qui cependant n'en a jamais composé que de sérieux. Il combat souvent ce mauvais goût, qui s'est emparé

non

non feulement de tant d'Auteurs, mais encore de ceux qui les lifent. *Comment avez-*
vous fait, lui difois-je, *pour avoir trouvé*
tant d'approbateurs, & pour avoir pû donner
un fi grand cours à vos Ouvrages, remplis
d'érudition, de recherches profondes, de pen-
fées mâles & fublimes, dans un tems où pref-
que tous ceux qui fe mêlent d'écrire, n'ôfe-
roient fe propofer d'être utiles, & fe croient
obligés de faire des excufes au Public, s'ils
mettent par hazard quelque chofe dans leurs
Livres qui puiffe fervir à fon inftruction?
Il faut que vous aiez un fecret tout particu-
lier, & ignoré de vos compatriotes. Je n'ai
,, d'autre fecret, me dit-il, que celui que
,, m'ont appris les grands modèles que je
,, tâche d'imiter. Mon unique but eft de
,, plaire aux connoiffeurs; je crains au con-
,, traire de n'être approuvé des ignorans.
,, Si par hazard j'apprens que quelqu'un
,, d'eux a été content de ce que j'ai pu-
,, blié, je foupçonne que je pourrois bien
,, avoir dit quelque impertinence; je re-
,, vois avec foin mon Ouvrage; enfin je
,, crains beaucoup plus l'approbation de la
,, multitude, que la critique des gens é-
,, clairés. J'ai fans ceffe devant les yeux
,, le beaux mot de *Periclès.* Comme il ha-
,, ranguoit, tout le peuple l'applaudit; il
,, fe tourna vers un de fes amis & lui dit:
,, *Apprenez-moi, je vous prie, fi je n'au-*
,, *rois point dit quelquefottife.* Affermi dans

L 4

,, la

,, la réfolution de mériter uniquement la
,, feule eftime qui doive & puiffe véritab!e-
,, ment flatter un homme de Lettres, je
,, ne travaille que pour un certain nomb;e
,, de Lecteurs; mais vous avez tort de
,, vous figurer que ce nombre foit fi petit,
,, il eft beaucoup plus confidérable que vous
,, ne penfez. A la Cour, à la ville, dans les
,, provinces il y a des perfonnes éclairées,
,, & qui feroient honneur au fiécle d'Au-
,, gufte; il s'en trouve même parmi les
,, marchands & les bourgeois. La fortu-
,, ne d'un Livre eft fûre, lorfqu'il eft ap-
,, prouvé par ces connoiffeurs. Ce qui fait
,, que bien des Livres férieux tombent, c'eft
,, qu'ils ne font que férieux; qu'ils n'ont
,, rien d'intéreffant, d'inftructif, de fubli-
,, me. D'ailleurs il ne fuffit pas d'être ins-
,, tructif, il faut auffi être amufant. Un
,, Livre qui eft rempli d'inftructions, vaut
,, toujours infiniment mieux qu'un autre qui
,, ne contient que des contes plaifans ; mais
,, cependant il s'en faut bien qu'on doive
,, le regarder comme un bon Ouvrage, il
,, faut que les vérités foient préfentées à
,, l'efprit d'une manière qui les lui faffe
,, gouter. L'*Homme de Cour* de Balthafar
,, Gratian renferme de bonnes chofes, ô-
,, feroit-on mettre ce Livre en parallèle a-
,, vec les *Effais* de Michel de Montagne,
,, & les *Caractères* de la Bruyere ? Non fans
,, doute, ce premier Livre eft très médio-
,, cre,

„ cre, eu égard aux autres. C'est donc
„ dans les Livres mêmes qu'il faut cher-
„ cher la cause de leur chute, & non point
„ dans le manque de Lecteurs. Je vais plus
„ loin, & je soutiens que tous les Ouvra-
„ ges qui sont approuvés par les connoif-
„ feurs, sont assûrés d'être lûs, & même
„ lûs par ceux qui n'ont point assez de gé-
„ nie pour en sentir tout le bon, & qui
„ souvent ne le comprenent pas. La fu-
„ reur d'avoir de l'esprit n'est guères moins
„ grande en Europe que celle d'avoir de
„ l'argent, & peut-être l'est-elle autant.
„ Quand des personnes, dont la science est
„ connue, ont prononcé sur un Ouvrage,
„ qu'ils l'ont approuvé, tous les Lecteurs
„ de Romans & de contes sont bien aises
„ de faire connoître qu'ils sont capables de
„ quelque chose de plus que de lire une
„ histoire galante; ils sont les échos de
„ ceux qui jugent sainement, ils repetent
„ les mêmes éloges, ils achetent le Livre
„ dont il s'agit, ils tâchent d'en retenir
„ quelques endroits pour paroître encore
„ plus éclairés que ceux qui ne l'entendent
„ point du tout.
„ COMBIEN y a-t-il en Europe de fem-
„ mes, de Petits-maîtres, qui parlent de
„ *Mallebranche* & de *Locke?* Dieu sait si
„ jamais ils ont lû ces Auteurs, & s'ils les
„ ont jamais entendus; ils seroient bien fâ-
„ chés cependant qu'on crût qu'ils sont af-

L 5

„ sez

,, fez ignorans pour parler d'un Ouvrage
,, qu'ils ne comprenent point. Pour évi-
,, ter de ne dire quelque chofe qui déce-
,, lât leur ignorance, ils repetent fimple-
,, ment ce qu'ils ont entendu dire aux gens
,, qu'ils favent être en état de décider fur
,, cette matière: ainfi, tout Livre qui a
,, l'approbation des Savans, l'a infaillible-
,, ment de ceux qui veulent paffer pour
,, avoir de l'efprit; & qui eft celui en Eu-
,, rope qui veut n'en point avoir?
,, IL y a quelque tems qu'aiant été ren-
,, dre une vifite à une Dame * du premier
,, rang, dont le mérite égale la naiffance,
,, je trouvai fur fa table l'*Effai Philofophi-*
,, *que fur l'Entendement Humain.* J'étois
,, bien perfuadé qu'elle en entendoit
,, les endroits les plus fublimes , &
,, je connoiffois par expérience qu'el-
,, le lifoit un Livre de la profonde Mé-
,, taphyfique , avec autant de plaifir
,, & de facilité que les trois quarts des
,, bourgeoifes de province lifent les poéfies
,, du Jéfuite *du Cerceau* , & l'hiftoire de
,, l'avanturier *Bufcon.* Une autre Dame
,, entra dans le moment que je la félicitois
,, de fon bon goût, & de l'heureux génie
,, que le Ciel lui avoit donné. La nouvelle-
,, venue fut curieufe de regarder le Livre
,, que je tenois dans les mains. Dès qu'el-
,, le eut jetté les yeux fur le titre, *Ha,*

,, *ha,*

* Madame la Ducheffe de S **

,, *ba,* me dit-elle; *voilà l'Ouvrage d'un*
,, *grand homme; c'est dommage qu'il soit si*
,, *dangereux.* Le discours de cette Dame
,, me parut extraordinaire, je ne la soup-
,, çonnois guères de lire *Locke.* Je ne de-
,, vine point, lui répondis-je, quels sont
,, les sentimens qui peuvent vous avoir pa-
,, ru dangereux dans cet Ouvrage; peut être
,, ne l'avez-vous point lû, & vous êtes-vous
,, laissé prévenir par quelqu'un qui a cru
,, appercevoir ce à quoi Monsieur *Locke*
,, n'aura jamais songé. *Non, non, repar-*
,, *tit-elle, je ne me suis point laissé préve-*
,, *nir, je juge par moi-même. Vous avez*
,, *trop mauvaise opinion de moi: vous croiez*
,, *que je ne lis que des Romans, & vous pen-*
,, *sez que je ne sais pas que Locke dit que*
,, *notre ame est matérielle. & qu'elle meurt*
,, *avec le corps.* Ho, ho! m'écriai-je, Ma-
,, dame, je vois bien à présent que vous
,, jugez de ce Livre par vous-même. La
,, Dame du logis me regarda en souriant,
,, nous changeâmes ensuite de conversation.
,, Lorsque la fausse Savante fut sortie, la
,, véritable me dit: *Cette bonne Marquise*
,, *a oublié ce qu'elle entendit dire ici il y a*
,, *sept ou huit jours, à Mr. de **. Cet Abbé*
,, *qui a de l'esprit; mais qui est excessive-*
,, *ment prévenu en faveur de ses opinions,*
,, *vouloit nous prouver que de la question que*
,, *Locke avoit agitée, si notre ame pouvoit é-*
,, *tre matérielle, on pouvoit en tirer des con-*
,, *sé-*

,, féquences dangereuses pour en conclure fa
,, mortalité. Ce n'est pas la première fois
,, que l'envie de paroître favante, & d'avoir
,, de l'efprit a fait eftropier à notre amie les
,, éloges, ou les critiques qu'elle entend
,, faire de certains Auteurs. Cet exemple
,, que je vous cite, continua l'Auteur Fran-
,, çois, peut vous montrer plus fortement
,, que tout ce que je pourrois vous dire,
,, que c'eft une erreur de croire que les
,, gens qui ne s'amufent qu'à la lecture des
,, Romans, ôfent méprifer ceux qui lifent
,, des Ouvrages plus effentiels. Concluons
,, donc qu'un Auteur qui a l'approbation des
,, gens de goût, s'établit même une répu-
,, tation chez ceux qui n'en ont guères ; au
,, lieu que ceux qui font eftimés des igno-
,, rans, font ordinairement méprifés des
,, Savans. Ajoutons encore à cela qu'il faut
,, que ceux qui n'écrivent que pour les Lec-
,, teurs fuperficiels, n'aient ni affez de
,, fcience, ni affez de génie pour ôfer
,, tenter de plaire aux connoiffeurs.
,, Hé! quel eft l'homme affez infen-
,, fé pour faire des Ouvrages, tels que
,, ceux de l'Abbé *des Fontaines*, pouvant
,, écrire & penfer comme *Bayle*? Quel
,, eft l'Auteur qui foit affez aveuglé pour
,, vouloir imiter le Jéfuite *Regnault*, s'il
,, peut approcher de *Maupertuis* & de *Keil*?
,, Quel eft enfin le mortel affez imbécille
,, pour balancer entre la profonde critique
,, &

„ & la savante érudition de *le Clerc*, &
„ l'ennuieuse façon d'écrire des Journalis-
„ tes de Trévoux? Soutenir qu'un Ecri-
„ vain, qui peut faire d'excellens Ou-
„ vrages, en fait de mauvais de dessein
„ déliberé pour s'acquérir une grande
„ réputation, c'est vouloir éprouver jus-
„ qu'où peut aller la licence du para-
„ doxe. "

Je fus fort satisfait, cher Yn-Che-
Chan, des sages réflexions de ce
François; elles sont très sensées. Un Ouvrage véritablement bon ne tombe jamais
en Europe, il se soutient même malgré
les critiques; & si l'envie & la jalousie
retardent pour un tems sa réputation,
la vérité perce bientôt le nuage. Les ombres dont on a voulu la couvrir, ne la
rendent que plus brillante ; nous en
avons mille exemples. Au contraire, un
mauvais Livre plait quelquefois au commencement, on se laisse séduire par
quelque situation intéressante, ou par
un style poli avec beaucoup de soin :
mais on revient bientôt de sa surprise,
les fausses lueurs dont on avoit été é-
bloüi, se dissipent, les peines même
que l'Auteur a prises, parlent contre lui.
On en conclut qu'un Ouvrage, poli avec
tant de soin & d'inquiétude, part d'un esprit
médiocre, occupé de petites choses. *Un E-*
crivain qui a l'esprit grand & élevé, ne
s'ar-

s'arrête point * à de telles minuties ; il parle, il pense avec plus de grandeur, & l'on
voit dans tout ce qu'il dit un certain air aisé
& naturel qui marque un homme riche de
son propre bien, & qui ne cherche point
à faire un vain étalage de ses richesses.
De même que l'on ne doit rien attendre de grand d'un Petit-maître fri-
sé, qui fait toute son étude de sa parure; de même aussi un Auteur qui donne trop
d'attention à la beauté du style, au choix des
mots, à l'arrangement des phrases, ne sauroit jamais rien faire de bon & qui soit
digne d'un grand génie. Le style est l'image
de l'ame : si on le polit extraordinairement, si
on le farde, si on y apporte trop d'attention,
on découvre qu'on n'est capable que de ces
bagatelles. Voilà le véritable portrait des
trois quarts des Auteurs des Romans François. On diroit que *Séneque* avoit lû les
Ouvrages de M **, de B ** & des F**.

POR-

---

* *Cujuscumque orationem videris solicitam &
politam, scito animum quoque non minus esse pu-
sillis occupatum. Magnus ille remissius loquitur
& securius : quæcumque dicit, plus habent fi-
duciæ, quam curæ. Nosti complures juvenes,
barba & coma nitidos, de capsula totos : nihil
ab illis speraveris forte, nihil solidum. Oratio
vultus animi est, si circumtonsa est & fucata,
& manufacta, ostendit illum quoque non esse sin-
cerum, habere aliquid fracti. Luc. Ann. Senec.
Epist. CXV.*

Porte-toi bien, cher Yn-Che-Chan, je compte partir à la fin de la femaine pour Strasbourg.

De Paris, le...

***

Lettre Quatre-vingt-et-unieme.

Sioeu-Tcheou, *à* Yn-Che-Chan.

J'ai traverfé dans huit jours, cher Yn-Che-Chan, toutes les provinces qui font entre Paris & Strasbourg. Cette dernière ville eft très grande, fortifiée avec beaucoup de foin; on en augmente encore journellement les ouvrages extérieurs, & je crois que l'Europe entière n'eft point affez puiffante pour ôter cette place à la France. Il faudroit, pour en faire le fiége, quatre armées de cent mille hommes, une, campée au-délà du Rhin pour garder les paffages de ce fleuve, & une de ce côté pour faire la circonvallation immenfe de cette ville, de fa citadelle & de fés différens forts; l'autre pour occuper la rivière d'Ill, & pour achever la circonvallation; la troifième, pour attaquer; la quatrième, pour former l'armée d'obfervation. Avec cela le fuccès de ce fiége deviendroit très incercertain, soit parce qu'il seroit presque impossible que dans une aussi grande étendue de terrein les François ne trouvassent plusieurs endroits qu'ils forceroient aisément, & par lesquels ils secoureroient la place, soit à cause de la garnison nombreuse qu'on mettroit dans la place; elle pourroit, si l'on vouloit, être de plus de trente mille hommes. Pour peu que dure un pareil siége, comment est-il possible de faire subsister des armées aussi nombreuses, sur-tout lorsqu'on a à faire à des ennemis qui ont une grande quantité de troupes, & qui peuvent aisément enlever une partie des convois? Il semble que les Allemands & les autres Européens sont parfaitement convaincus de l'impossibilité de la prise de Strasbourg; car malgré les avantages qu'ils ont eus quelquefois sur les François, ils n'ont jamais eu la moindre idée d'en faire le siége.

CETTE place n'a couté aux François que la peine d'entrer dedans, & de s'y établir avec autant de facilité & de tranquillité, qu'ils auroient pû faire dans une ville qui leur eût appartenu & qui eût été bâtie au centre de leur païs. Ils l'investirent tout-à-coup, & dans un tems qu'elle étoit entiérement dénuée de provisions. Ceux qui auroient dû prévoir cet inconvénient & le prévenir, l'avoient eux-mêmes occasionné. La plûpart des Magistrats avoient été gagnés, ils trahi-

hirent leur patrie , ils la vendirent lâ-
chement. Les François acquirent dans
cette occasion le titre de Conquerans sans
risque. On pourroit conquerir de même
toute l'Europe & le Monde entier, il ne
s'agiroit que de trouver des marchands qui
pussent vendre & des gens assez riches, pour
acheter. Après tout, je ne blâme point,
cher Yn-Che-Chan, les François d'avoir
cherché leur avantage, & d'avoir profité habilement de l'avarice & de la perfidie des
Magistrats de Strasbourg. Quel est le peuple,
qui à leur place n'eût pas agi de même?
Les plus grands Généraux & les plus valeureux Princes se sont souvent servis du
même stratagême. *Philippe* de Macé-
doine ne croioit point qu'une place fût im-
prenable, dès qu'il pouvoit faire aller jusqu'à la porte un âne chargé d'or. Ce Roi
habile ne se servoit pas moins des vicieux
pour venir à bout de ses desseins, que
d'honnêtes gens; la fine politique est fondée sur une conduite aussi sensée. Il est vrai
que si les grands hommes ont souvent profité des avantages que leur procuroient les
traitres, ils ne les en méprisoient pas
moins. Ils aimoient la trahison, mais ils
en haïssoient les auteurs, & les regardoient
comme des gens dangereux, sur lesquels
on ne doit jamais faire aucun fond. Les
François ont pensé de même; à peine ont-
ils été les maîtres de Strasbourg, qu'ils ont

Tome III. M bâti

bâti une citadelle & plusieurs forts, pour ôter le pouvoir à ceux qui les avoient servis, de ne les desservir dans la suite.

L'EXERCICE public de toutes les différentes Sectes Chrétiennes est permis dans toute l'Alsace. On y voit des *Luthériens*, des *Calvinistes*, des *Anabaptistes*; mais dans la ville de Strasbourg les seuls *Catholiques* & *Luthériens* ont des Temples. Il y a quelques années que les *Calvinistes* demanderent d'y en avoir un; ils représenterent que celui qu'ils avoient, étant éloigné d'une lieuë de la ville, c'étoit pour eux une grande incommodité. Les *Catholiques* consentirent à ce qu'ils souhaitoient; les *Luthériens* s'y opposerent vivement, & leur sentiment fut suivi.

VOILA une preuve bien visible, cher Yn-Che-Chan, que toutes les Sectes Chrétiennes sont également persécutantes, & que l'esprit de haine & de jalousie qui les anime les unes contre les autres, les prive de tous les sentimens de pitié, de charité & de complaisance. Les *Catholiques* n'accordoient aux *Protestans* leur demande que pour affoiblir dans Strasbourg l'autorité & le crédit des *Luthériens*, en y multipliant les différentes Religions tolerées. Les *Luthériens* ne refusoient un Temple aux *Protestans* que par la même raison qu'ils en refusent dans tant d'autres villes d'Allemagne, c'est-à-dire parce qu'ils les haïssent, moins

cependant qu'ils ne haïssent les *Catholiques*; mais pourtant assez pour les priver de tout ce qui peut favoriser l'établissement de leur Religion.

Quand on connoît les Européens, & sur-tout leurs Ecclésiastiques, qu'on a étudié leur caractère; on est surpris de les entendre tous se recrier sur les persécutions, les condamner, & être également persécuteurs. Si l'on parle à un François des impôts dont on surcharge en Ecosse, en Irlande & en Angleterre les Catholiques, *Voilà,* dira-t-il, *jusqu'où va la fureur des Sectes opposées au Catholicisme; rien n'égale la fureur des hérétiques.* A ces plaintes il en joint un grand nombre d'autres, sans s'appercevoir le moins du monde du triste sort qu'ont eu les Réformés en France, & des maux affreux dont les ont accablés les *Catholiques.* D'un autre côté, entendez parler un Anglois, rien n'est si cruel que les Papistes; ils sont persécuteurs à outrance, ils ont détruit les Temples, les privilèges des *Protestans*, tué, massacré leurs Ministres. Hé! que répondra cet Anglois si tolerant, si on lui demande ce que sont devenus dans les trois Roïaumes qui composent aujourd'hui celui d'Angleterre, les Temples, les privilèges & les Prêtres des *Catholiques?*

En vérité, cher Yn-Che-Chan, lorsqu'on examine la conduite des Européens, &

qu'on

qu'on écoute leurs discours, on les pren-
droit volontiers pour des gens qui n'ont
pas le sens commun, & qui pensent faire
tout le contraire de ce qu'ils font. Ce
qu'il y a de certain, c'est qu'on ne peut
leur accorder l'usage de la raison, qu'en
même tems on ne les regarde comme des
imposteurs & des fourbes qui déguisent
toujours ce qu'ils pensent, qui n'agissent
jamais conformement à leurs discours,
lorsque leur intérêt demande qu'ils parlent comme d'honnêtes gens, & qu'ils se
conduisent comme des trompeurs.

Depuis que je connois les Européens à
fond, toute la belle Morale que je leur entends débiter à tous propos, ne me donne
pas une meilleure opinion de la bonté de
leur cœur. Je les compare à nos Bonses
Chinois, qui prêchent sans cesse la charité, le mépris des richesses, & qui font les
hommes les plus avares de l'Univers. Je
serois tenté de dire ici à tous les gens qui
me citent quelque belle maxime. *Au fait
au fait, mes amis, à l'exécution. Depuis que
je vis dans votre païs, l'expérience journalière
m'a appris à ne point me païer de paroles. Vous
discourez comme des Intelligences célestes; mais
vous agissez comme des Démons, formés par la
colère du Ciel pour tourmenter les hommes.*

Nos Chinois, cher Yn-Che-Chan, ne
connoissent que bien peu les Européens;
que

que n'en penferoient-ils pas s'ils les avoient fréquentés dans leur païs, où ils font bien différens de ce qu'ils paroiffent dans l'Afie? Pour bien juger des hommes, il faut les voir dans une fituation où rien ne les o-blige à fe contraindre. Il y a autant de dif-férence entre un Européen qui eft à Pec-kin, & un autre qui eft à Paris, qu'il y en a de celui qui eft à Peckin, à un véritable Chinois. Cette maxime doit être fur-tout appliquée aux Européens, qui font de tous les hommes les plus capables de prendre pour leurs intérêts toutes fortes de formes & de figures.

REVENONS, cher Yn-Che-Chan, à la ville de Strasbourg. Parmi les édifices pu-blics, le principal Temple des *Catholiques* mérite d'être vû. Il eft grand, vafte, fpa-cieux, d'une architecture affez belle, quoi-que gothique. Il eft deffervi par des Prê-tres, auxquels on donne le nom de *Cha-noines*, qui font des plus grandes maifons de l'Europe. Les autres Temples ne méritent aucune attention, étant au-deffous du mé-diocre.

IL y a un bâtiment public fort beau, où les François en général vont beaucoup plus fouvent que dans leur Temple; c'eft la falle deftinée aux fpectacles, l'on y repréfente les comédies & les tragédies. Cet édi-fice a été bâti par un cas affez extraordi-naire. Il y avoit un habitant de Strasbourg ſi avare & ſi amoureux en même tems de certaines petites piéces d'argent qui va-loient huit ſols, qu'il en avoit amaſſé pour la valeur de quarante mille écus. Il les te-noit enfermées dans pluſieurs coffres, & tous les jours il alloit leur rendre pluſieurs viſites. Il les conſidéroit avec des yeux paſſionnés, & jamais amant n'a regardé auſſi tendrement ſa maitreſſe, que lui ſes piéces de huit ſols. Sa joie & ſon bon-heur s'évanoüiſſent ſubitement; le Roi ré-duiſit par un arrêt toutes les piéces de huit ſols à ſix. L'avare ne put tenir contre ce coup, il ſe livra au déſeſpoir le plus outré, il pleura ſur ſes chéres piéces, il ſe plai-gnit amérement, il repeta un million de fois qu'il étoit ruiné, enfin il s'étrangla; & pour qu'on n'ignorât pas la raiſon qui lui faiſoit entreprendre ſi bruſquement le voïa-ge de l'autre Monde, il écrivit ſur un pa-pier le ſujet de ſon déſeſpoir, mit ce papier ſur une table de ſa chambre, & ſe pendit au plancher. Les Magiſtrats, aiant appris l'action criminelle & inſenſée de ce phrénetique, ſe tranſporterent chez lui, & après avoir vérifié la cauſe de ſa mort, ils ordonnerent qu'il ſeroit puni, ainſi que les loix ordonnent qu'on traite les homicides d'eux-mêmes; ils confiſquerent enſuite les piéces de huit ſols, & les emploierent à bâtir une ſalle de ſpectacles. Il paroît d'a-bord que ces Magiſtrats auroient pû faire un meilleur uſage de cet argent, & l'em-

ploier

ploier à quelque fondation utile à tant de
pauvres, à tant d'impotens, à tant d'incurables, à qui la vie, pour ainsi dire,
n'est qu'un enchaînement de douleurs,
d'infortunes & de misère ; mais ces Juges
éclairés crurent apparemment que l'argent que leur procuroit une folie triste, devoit être emploié à des folies gaies,
pour guérir par-là l'humeur sombre &
mélancholique des autres habitans de
Strasbourg, qui seroient tentés de se
pendre, lorsqu'il plairoit au Roi d'augmenter la monnoie & de la diminuer ensuite.
Si c'est-là le dessein qu'ils ont eu, il paroît
qu'ils ont parfaitement réussi ; car dans les
variations journalières & exorbitantes que
les espèces ont essuiées pendant la minorité
du Roi qui regne aujourd'hui, aucun bourgeois ne s'est pendu à Strasbourg. Voilà
ce qui a empêché la sage prudence de ces
Magistrats, qui, au lieu de bâtir un hôpi-
tal, firent faire une salle de spectacles.
Nos Mandarins Chinois n'auroient eu ni
assez de pénétration, ni assez de prévoian-
ce pour agir aussi sensément. Il me semble
que je leur entends dire tout bonnement,
*Allons, emploions ces quarante mille écus
que le triste sort d'un insensé fait tomber dans
nos mains, à l'usage des malheureux. Tâchons,
autant qu'il nous est possible, de mettre à profit l'infortune d'un seul homme pour le soulage-
ment d'un millier d'autres.* Ces raisonnemens,
cher Yn-Che-Chan, sont d'un Asiatique,

M 4

qui

qui, selon l'Européen, n'a qu'à peine le sens commun. S'il pensoit comme ce dernier, il connoîtroit combien ils sont superficiels. Plaisanterie à part, je suis tous les jours plus étonné de la conduite des Européens; il semble qu'ils aient entiérement oublié jusqu'aux bienséances les plus simples & les plus nécessaires. Les vertus, les plus communes & les plus essentielles à la Société civile, sont presque ignorées d'eux; ils sont si accoutumés à se conduire selon leur passion, sans consulter l'équité, la lumière naturelle, qu'ils ne sentent pas même qu'ils violent toutes les règles de la bienséance & toutes les loix de la probité, lorsqu'ils commettent les actions les plus condamnables.

Les bourgeois de Strasbourg regrettoient autrefois la perte de leur liberté & la forme de leur ancien gouvernement: mais aujourd'hui ce n'est plus la même chose; ils sont devenus peu-à-peu très bons François. Le Roi n'a peut-être point de sujets plus zélés qu'eux, & plus affectionnés à son service. Les Allemands sont étonnés de ce changement, ils s'en plaignent même quelquefois; mais ils ne considérent point qu'insensiblement les habitans de Strasbourg ont pris les mœurs, les usages, les coutumes, & même la façon de penser des François. Il est impossible que par la suite du tems un peuple soumis ne se conforme aux maniènières de celui qui l'a vaincu. Lorsqu'il est traité avec douceur, il oublie ses anciens usages, il regarde comme des freres & des compatriotes, ceux qu'il considéroit quelques années auparavant comme des ennemis mortels. Les anciens Chinois, & les Tartares qui les ont subjugués, ne forment plus qu'un seul peuple aujourd'hui. Nous vivons actuellement à Peckin, comme l'on vit ici à Strasbourg.

LA dépense que la garnison fait à Strasbourg, les sommes considérables qu'elle y consume toutes les années, n'ont pas peu contribué à acquérir aux François l'amitié des habitans. D'ailleurs, on leur a conservé, & on leur conserve soigneusement tous leurs privilèges; on ne touche point sur-tout à ce qui regarde la liberté de Religion. Tant qu'on observera les mêmes ménagemens, qu'on se conduira avec autant de prudence & d'équité, on n'aura rien à craindre d'un retour imprévû de l'amour de la liberté dans le cœur des Strasbourgeois; malgré les plaintes & les reproches de leurs anciens compatriotes, ils persisteront à être bons François. Mais si jamais un Roi, par un faux zèle, ou par une politique mal entendue, entreprenoit de les contraindre à changer de Croiance, il auroit tout à craindre de quelque révolte inopinée, d'autant plus dangereuse, que les ennemis, soit en tems de paix, soit en tems de guer-

M 5

re,

re, font presque toujours, pour ainsi dire, aux portes de Strasbourg. Le reste
de la province suivroit peut-être l'exemple de la principale ville, dont le siége
alors deviendroit beaucoup plus aisé, soit
par les intelligences qu'on pourroit pratiquer dans la place, soit que les païsans,
répandus dans la campagne & dans le plat
païs, favoriseroient dans tout ce qui dé-
pendroit d'eux, les assiégeans. Le Gouverneur d'une place est bien embarrassé,
lorsqu'il a l'ennemi à craindre dedans &
dehors, & un Général d'armée a un grand
desavantage quand il a contre lui tous les
habitans du païs dans lequel il fait la guerre: tout devient au contraire favorable à
ses ennemis; espions provisions dans leurs
camps, guides sûrs & affidés, rien ne leur
manque.

PORTE-toi bien.

De Strasbourg. le. . . . ;

LETTRE QUATRE-VINGT-DEUXIEME.

Sioeu-Tcheou, à Yn-Che-Chan.

BALE, où je suis arrivé depuis quelques jours, me paroît, cher Yn-Che-Chan, moins considérable que Strasbourg; elle est cependant très peuplée & assez riche. Les habitans sont industrieux & fort laborieux : ils ne reçoivent point de bourgeois dans la ville qui ne soient obligés d'être attachés à quelque Corps de métier; ainsi l'on ne voit point ici de ces fainéans qu'on trouve par-tout en si grande abondance, & qui croiroient être deshonorés en s'appliquant au commerce, & en travaillant à la grandeur & à la prospérité de leur patrie, en s'enrichissant eux-mêmes.

LES Bâlois sont de fort bonnes gens, francs, sincères, polis sans affectation, peu médisans, braves soldats, ainsi que le sont en général les autres Suisses leurs compatriotes. Ils ont même produit de très grands hommes, qui se sont distingués par leurs talens supérieurs dans les Sciences les plus abstraites. Les *Bernoullis* ont été, & sont encore aujourd'hui des Mathématiciens fameux;

meux; à peine dans ces derniers siécles si éclairés s'est-il trouvé deux ou trois personnes en Europe qui les aient égalés. *Jaques Bernoulli*, mort depuis quelques années, qui a laissé un fils digne de lui, étoit un génie de la première classe; cependant il avoit tant de modestie, que malgré les applaudissemens que le Public avoit donnés à tous les excellens Ouvrages qu'il avoit publiés, il ne cessoit de craindre ce même Public toutes les fois qu'il faisoit paroître quelque chose de nouveau. Belle leçon pour ces demi-Savans dont l'Europe fourmille, & qui se figurent d'être infaillibles!

JAQUES *Bernoulli* avoit un frere, à qui le mérite & la science firent obtenir la charge de Professeur en Mathématiques à Groeningue. Il regna toujours entre ces deux freres une noble émulation, exempte de jalousie, qui ne servit qu'à les unir plus étroitement, & à fortifier leur amitié par l'estime qu'ils avoient conçue avec raison l'un pour l'autre. En parlant des illustres Savans de la Suisse, je ne dois point oublier un nommé *Herman*, habile Géomètre, dont les plus grands Mathématiciens de l'Europe ont fait l'éloge plusieurs fois. Il y a encore quelques Philosophes dans ce païs, qui, pour n'être point aussi connus que ceux dont je viens de parler, ne laissent pas que d'avoir beaucoup de mérite.

rite. Les Suisses ne manquent point de
bons Historiens, ils ont eu en divers tems
quelques autres grands Auteurs & Théologiens.

QUANT à leurs Poëtes, je n'entends
point assez leur Langue pour pouvoir décider de la bonté de leurs Ouurages; mais
s'il en faut juger par quelques vers François qu'on m'a dit avoir été composés par
des Auteurs de Neuchâtel & de Lausane,
je puis te dire hardiment que les Suisses
font les plus mauvais Poëtes de l'Univers.
Cependant il n'y a pas de païs dans le
Monde, où il paroisse journaliérement autant de petites piéces de vers; on a soin de
les imprimer tous les mois dans des Livres, où on les recueille précieusement.
On dit qu'un habile Médecin avoit proposé de se servir en France de ces Livres à la
place de *l'opium*: au lieu de faire avaler
trois grains de cette drogue à un malade,
on lui eût lû six vers François, composés
par un Poëte de Lausane, & quatre par un
de Neuchâtel. Les Apothicaires s'opposerent vivement à cette nouveauté, qui
leur étoit, selon eux, très desavantageuse.
Je crois cependant qu'ils auroient pû prévenir la perte qu'ils craignoient: en ache-
tant le faltran & les autres herbes vulne-
raires qu'ils prennent en Suisse, ils auroient fait venir une bonne quantité de
vers *Galb-Suisses*, dont les Auteurs les
eus-

euſſent accommodés à grand marché. Ils auroient enſuite demandé le privilège d'ê-tre les ſeuls qui puſſent en faire uſage dans le Roïaume ; ce qu'on leur eût accordé très aiſément.

Les Bâlois ſe plaignent des François, & les François des Bâlois. Quoiqu'ils ſoient voiſins & alliés, il y a peu de véritable union entre eux ; la politique conduit beaucoup plus les uns & les autres que l'a-mitié & l'inclination. Les premiers ſont fâchés de la proximité de Huningue, for-tereſſe appartenante aux François, & ſi peu éloignée de Bâle, qu'on peut la regarder comme la citadelle de cette ville. Ils di-ſent que puiſqu'il y a entre la Suiſſe & la France une alliance éternelle, il étoit i-nutile que *Louïs XIV.* fît une place d'ar-mes, qui ne ſemble être que contre les Suiſſes. Les François répondent à cela que malgré l'alliance qu'ils ont avec les Bâlois, il doit leur être permis de fortifier les frontières de leur Roïaume ; que Hu-ningue défend aux Allemands le paſſage du Rhin, que les Bâlois ne ſont point en état de garder, ou qu'ils pourroient bien leur accorder.

L'expérience paroît juſtifier les rai-raiſons des François. Pendant les derniè-res guerres de *Louïs XIV.* tandis qu'ils a-voient le plus de beſoin de l'amitié des Bâ-lois, ceux-ci donnerent paſſage ſur leur

pont

pont au Général *Merci*, introduifirent les Allemands dans le cœur de l'Alface, qui auroient pénétré jufqu'au centre du Roïaume, fi le Maréchal *du Bourg*, ramaffant à la hâte quelques troupes dans les garnifons voifines, ne les eût entiérement défaits, & réparé par une victoire complette le mal qu'avoient fait les Bâlois. Il eft vrai que leur conduite fut très defapprouvée par les autres Cantons Suiffes, qui montrerent par leur manière d'agir qu'ils n'avoient aucune part dans la fauffe démarche de leurs compatriotes.

L'on doit rendre aux Suiffes la juftice que méritent leur fidélité & leur bonne foi. On a peu d'exemples qu'ils aient manqué à leur parole; mais enfin comme tous les hommes font hommes, & qu'il eft impoffible que dans le cours de deux ou trois fiécles une Nation ne péche quelquefois dans les chofes les plus effentielles, les Suiffes, quelques marques d'affection qu'ils aient données dans prefque tous les occafions aux François leurs anciens amis, leur ont cependant manqué de foi dans les deux fituations les plus épineufes où ils fe foient jamais trouvés. Je viens feulement de te parler du mauvais tour que joüerent les Bâlois, lorfque la France étant attaquée de tous les côtés, ils accorderent le paffage du Rhin aux Allemands, tandis qu'ils s'étoient folemnellement obligés de leur empêcher de se servir de leur pont pour traverser le Rhin. Voici une seconde action qui n'est pas meilleure que celle-là. Quand *François I.* étoit occupé au siége de Pavie, qu'il avoit tout à craindre de ses ennemis, six mille Suisses l'abandonnerent sous le prétexte d'aller défendre leur païs. Pour couvrir leur trahison, ils avoient laissé surprendre Chiavene, qui est la clef du païs des Grisons, au Capitaine *Jaques de Médequin* Milanois, avec lequel ils agissoient de concert, quoiqu'ils feignissent d'être en guerre. Leur désertion de l'armée de *François I.* qui étoit déjà fort affoiblie par la longueur d'un siége pénible & meurtrier, par les maladies, ne contribua pas peu à la perte de la bataille de Pavie, & à la prise du Roi, qui mit la France à deux doigts de sa perte.

Ce sont-là des faits qui semblent justifier la nécessité d'avoir fortifié Huningue & quelques autres places frontières des Suisses, & de ne compter sur leur amitié, quelque stable qu'elle paroisse, que comme sur celle d'un autre peuple. Il paroît que les François ont été de tout tems dans cette opinion, & qu'ils ne leur ont jamais accordé une entière & aveugle confiance, que lorsque la nécessité absolue a demandé qu'ils passassent par-dessus toutes les règles de la bonne & saine politique. Le meilleur,

leur, le plus sage & le plus véridique des Historiens François attribue à la défiance que l'on avoit de la fidélité des Suisses sous le regne de *Charles VIII.* la perte du Milanois. Voici comment s'explique cet Auteur à ce sujet. *Il arriva* * *une levée de seize mille Suisses à l'armée de France. Le Duc d'Orléans insistoit fort qu'on donnât la bataille, dont le gain eût du moins été celui de tout le Milanois. On l'eût satisfait, si on n'eût pas plus redouté l'audace des Suisses que l'armée ennemie; car étant deux fois plus forts en nombre que les François, ils eussent pû se saisir de la personne du Roi. Cette considération fit qu'on aima mieux conclure avec Sforce: on lui rendit Novarre,* &c.

Ce n'est dans cette seule occasion que les François se sont plaints de l'audace effrénée des troupes Suisses qu'ils avoient à leur service. Celles qui étoient dans Paris à la solde du Duc de Mayenne, y commirent des excès affreux, qui ont été dépeints de la manière la plus vive & la plus forte par un excellent Poëte moderne.

D'un amas d'étrangers la ville étoit rem-
      plie,
Tygres, que nos aïeux nourrissoient dans leur
      sein,

Plus

* *Mezeray, Abrégé chronologique de l'Histoire de France,* Tom. *V.* pag. 76. *Vie de Charles VIII.*

Tome III   N

Plus cruels que la mort, & la guerre & la
    faim.
Les uns étoient venus des campagnes Bel-
    giques,
Les autres des rochers & des monts Helvé-
    tiques,
Barbares, dont la guerre est l'unique métier,
Et qui vendent leur sang à qui veut le païer.
De ces nouveaux tyrans les avides cohortes
Assiégent les maisons & enfoncent les portes.
- -
- -
Et d'un peu d'aliment la découverte heureuse
Etoit l'unique but de leur recherche affreuse;
Il n'est point de tourment, de supplice &
    d'horreur,
Que pour en découvrir, n'inventa la fureur.*

Si les Suisses ont donné quelquefois aux
François de grands sujets de mécontente-
ment, soit par leur manque de foi, soit
par les cruautés qu'ils ont commises, ils
ont réparé par plusieurs actions éclatantes
la honte des mauvaises. Leur désertion de
l'armée de *François I.* contribua à la prise
de ce Roi; leur valeur empêcha dans un
autre tems que *Charles IX.* ne fût fait
prisonnier par ses sujets rebelles. Le Prince *de Condé*, l'Amiral *de Coligni*, aiant formé le dessein de s'assûrer de ce Roi qui é-
    toit

* Voltaire, *Henriade*, Chant X.

toit à Monceaux, les Suiſſes le conduiſi-
rent & toute la Cour juſqu'à Paris. Le
Prince *de Condé* eſſaia inutilement de les
rompre, ils conſerverent toujours leur
rang pendant toute leur marche. C'étoit
un nommé *Fiſſer* qui les commandoit,
homme d'une intrépidité étonnante, & véritablement digne d'avoir ſous ſes ordres
des ſoldats auſſi valeureux. Dans une autre occaſion les Suiſſes ne rendirent pas un
ſervice moins conſidérable à *Henri IV.* A-
près l'aſſaſſinat d'*Henri III.* ils lui firent
d'abord ſerment de ne point quitter ſon
armée de deux mois, pour engager par
leur exemple les autres troupes à reſter fidèles à leur Prince. Peu de tems après,
ils déclarerent à ce Prince de la part de
leurs Supérieurs, que les Cantons en u-
ſeroient avec lui comme avec ſes prédé-
ceſſeurs, & lui fourniroient des troupes
ſelon les traités. On ne peut diſconvenir
que les Suiſſes ont rendu dans cette occaſion un ſervice bien eſſentiel à toute la
France, & en particulier à la Maiſon
Roïale. Leur déſertion eût jetté *Henri IV.*
dans un embarras d'autant plus grand, que
tous les Chefs & Seigneurs de l'armée du
Monarque défunt étant convenus de reconnoître *Henri IV.* pour Roi de France, le lâche Duc d'Epernon refuſa de ſuivre leur exemple, & ſe retira avec ſes
troupes, qui faiſoient une partie conſidérable de l'armée.

N 2

Ju-

JUGES par les différens exemples que je viens de te citer, cher Yn-Che-Chan, si les services que les Suisses ont rendus aux François, l'emportent sur les pertes qu'ils leur ont causées. Je crois que le mal & le bien sont assez compensés, & qu'après avoir bien examiné les choses, les François ne doivent pas se reposer entiérement sur la bonne foi des Suisses, ni ne doivent aussi s'en trop défier.

LES femmes dans ce païs sont beaucoup plus chastes, à ce que disent les maris, que les Françoises. Il faudroit, pour savoir si cela est bien vrai, consulter quelques personnes qui fussent moins intéressées que des maris à prôner la vertu de leurs épouses. Si l'on interrogeoit les galans, peut-être trouveroit-on qu'il en est des femmes Suisses, ainsi que des autres Européennes. Elles savent un peu plus se contraindre que les Françoises, elles sont attaquées moins souvent, & avec moins d'art; voilà les causes essentielles du petit grain de vertu qu'elles ont au-dessus de celles, auxquelles on les préfere avec tant de prévention. En vérité, cher Yn-Che-Chan, je serois tenté de croire que de même qu'à peu de chose près on découvre dans le cœur de tous les hommes, de quelque Nation qu'ils soient, les mêmes passions, on retrouve aussi chez toutes les femmes les mêmes inclinations. Elles sont un peu moins visibles dans certaines, parce ce qu'elles font contraintes, ou par l'ufage, ou par la crainte, ou par la vanité, ou par quelque autre caufe.

LES Bâloifes font bien faites, on dit qu'en général toutes les femmes de ce païs le font; auffi les hommes font affez grands, robuftes. Ils aiment la guerre & le commerce; il eft fâcheux pour eux que le terrein & la fituation de leur patrie ne foient point auffi propres au négoce que celui de plufieurs autres Etats de l'Europe. Cependant ils fuppléent en quelque façon à cet inconvénient par leur induftrie & par leur affiduité au travail. Une excellente qualité dont ils font tous doüés, c'eft un violent amour pour leur païs. Sa gloire leur eft fouvent plus chere que la leur: ils pardonneront plûtôt une offenfe perfonnelle, qu'une injure faite à leur patrie. L'on peut dire que fi les Suiffes font auffi valeureux que les anciens Romains, il font également auffi bons compatriotes.

PORTE-toi bien, & donnes-moi de tes nouvelles.

De Bâle, le. . . . .

LET-

LET. QUATRE-VINGT-TROISIEME,

Sioeu-Tcheou, à Yn-Che-Chan.

EN partant de Bâle, cher Yn-Che-Chan, j'ai retourné sur mes pas, & repassé par Strasbourg, d'où j'ai été à Dourlach. Cette ville est petite, assez mal bâtie; elle est pourtant la capitale d'une principauté. Je n'y ai séjourné que pendant deux ou trois heures. L'hôte chez lequel je logeai, m'apprit plusieurs choses assez singulières sur le genre de vie & les mœurs du feu Prince de Dourlach, mort il y a quelques années. Ce *Margrave*, c'est le titre qu'on lui donne en Allemagne, avoit un serrail, contre l'usage des Princes Chrétiens, dans lequel il avoit renfermé plus de deux cens filles. Il est vrai qu'il n'étoit pas délicat sur le choix, il prenoit les courtisanes les plus abandonnées. Dans un voïage qu'il fit en Hollande, en partie pour faire des recrues pour son serrail, il engagea une trentaine de filles publiques, qu'il ramassa dans tous les mauvais lieux d'Amsterdam. La vie qu'il faisoit mener à ces courtisanes, lorsqu'elles étoient une fois renfermées dans son serrail, ressembloit

par-

Parfaitement à celle des femmes qui font dans le haram des Rois de Perfe. Ces Monarques les emploient à toutes fortes de chofes: les unes font jardinières, les autres cuifinières; il y en a qui exercent la Chirurgie & la Médecine, d'autres enfin font enrôlées dans des compagnies, font la garde & le guet. Tout ce qui eft fait dans l'extérieur du haram par les hommes, eft fait auffi dans l'intérieur par des femmes. Les favorites mêmes ont des emplois, elles font Lieutenans, Capitaines d'une troupe de Gardes du corps femelle; enfin elles ont les charges que l'amour du Souverain juge à propos de leur accorder. Le ferrail du Margrave étoit une parfaite copie du haram de Perfe: les femmes y avoient également leurs emplois; les unes étoient occupées à cultiver les jardins; les autres à coudre & à broder; plufieurs à apprêter la nourriture de leurs camarades; quelques-unes fervoient de foldats, & le Prince Allemand avoit, ainfi que le Perfan, des Compagnies d'Amazones. Il eft vrai que celles de Dourlach avoient été un peu moins chaftes dans leur jeuneffe que celles d'Ifpahan.

LE Margrave avoit fait bâtir au milieu de fon palais un pavillon, dont les quatre murailles avoient des fenêtres qui donnoient fur tous les côtés de fon ferrail. Il voioit de fon appartement ce qui fe

paf·

paſſoit dans les jardins, dans les cours, & dans les ſalles deſtinées aux exercices des femmes. Dès qu'il en découvroit quelque-une qui ne faiſoit point ſon devoir, il ordonnoit qu'on la conduiſît auprès de lui, & ſelon la faute qu'elle avoit commiſe, il la faiſoit punir. Il falloit que le crime fût bien leger, ſi la criminelle n'étoit pas fouëttée. Si elle étoit condamnée à être fuſtigée, deux de ſes camarades lui faiſoient ſubir ſa punition. Le Prince étoit préſent à l'exécution, comptoit les coups de foüet, & agiſſoit avec autant de gravité, qu'un pedant qui fait feſſer un écolier par le Correcteur du Collège. Il n'eſt pas ſurprenant que le Souverain Allemand voulût copier ſi exactement le caractère d'un Régent; car il prétendoit juſtifier ſa conduite par celle des Jéſuites. On dit qu'il diſoit à ce ſujet, *Voiez combien les hommes ſont injuſtes dans leurs jugemens. Je ſais qu'on me blâme beaucoup, qu'on crie après moi, & perſonne ne dit rien aux Réverends Peres Jéſuites: nous allons cependant eux & moi au même but. Ils ſe chargent de l'éducation des jeunes garçons, & moi de celles des filles. Eſt-ce qu'il n'eſt pas auſſi néceſſaire de former les mœurs des uns, que celles des autres?*

Si cette raiſon, cher Yn-Che-Chan, ne paroiſſoit guères bonne à ceux qui condamnoient le Margrave, il auroit pû leur

en

en alleguer une autre d'un plus grand poids. *Je suis*, eût-il dit, *l'exemple & les préceptes de St. Ignace. Ce grand homme étant à Rome, ramaſſoit les courtiſanes, & couroit dans tous les lieux de débauche. Lorſqu'on lui diſoit que les ſoins qu'il ſe donnoit étoient perdus; que ces femmes, meſuſant de ſes dons, oubliant ſes exhortations, retournoient bientôt à leur ancien metier, il répondoit qu'il s'eſtimoit le mortel le plus heureux, s'il pouvoit faire en ſorte qu'une courtiſane paſſât* une heure ſans offenſer le Ciel. *Combien les peines que je me donne, ſont-elles plus efficaces que celles que prenoit St. Ignace, puiſque je trouve le moïen de retirer pour toujours tant de filles de l'etat de débauche?* Peut-être que ceux à qui le Margrave eût tenu ce diſcours, auroient répondu „ Monſeigneur, St. Ignace ne

„ cou-

* *Cum autem Ignatio objiceretur, in curandis hujuſmodi mulierculis male operam poni, quippe quæ in vitiis jam occaluiſſent, facileque reverterentur ad vomitum: Minime ſane, inquit Ignatius, ſed ſi omnibus meæ vitæ curis, atque laboribus id poſſim efficere, ut vel unam noctem, peccato vacuam præterire iſtarum aliqua velit: omnes ego quidem nervos contendam, ut vel illo tam exiguo tempore Deus ac Dominus noſter non offendatur: etiamſi ſciam illam ſtatim ad ingenium redituram.* Ribadeneira, *in Vita Ignat. pag.* 216.

„ couchoit point avec les filles auxquelles
„ il prêchoit dans les maisons publiques;
„ ses soins avoient un but un peu diffé-
„ rent des vôtres. „ On prétend qu'à
cela le Prince Allemand eût pû repartir,
*Vous vous trompez; car exceptez deux ou
trois de mes favorites, je n'ai jamais eu aucun commerce avec toutes ces courtisanes à qui
j'ai fait changer de vie. Quand même je
n'aurois point de serrail, je n'en aurois pas
moins de maitresse; ainsi ne confondons point
les choses. Ces filles publiques que j'ai reti-
rées de la débauche, n'ont rien de commun a-
vec moi, & je ne m'en sers pas davantage,
que St. Ignace de celles qu'il convertissoit
pour une heure ou deux.*

On assûre que ce fut par un motif de
conscience que le Margrave forma un haram, & qu'un Théologien, * en qui il
se confioit, lui en donna l'idée, parce
qu'il le voioit en commerce avec une
femme mariée, & qu'il crut par là l'empêcher de continuer d'être adultére. Si ce
fait est vrai, ainsi qu'on m'a assûré qu'il
l'étoit, c'est-là le véritable cas d'appliquer l'épigramme d'un Poëte François:

*Un Cordelier prêchoit sur l'adultère,
Et s'échauffoit le Moine en son harnois,*

A

* Si par hazard on s'avisoit de me demander
des preuves de ce fait, je suis prêt à en donner de très fortes.

A démontrer par maint beau commen-
    taire
Que ce péché blesse toutes les loix.
Ouï, ouï, dit-il, mes freres, baussant la
    voix,
J'aimerois mieux pour le bien de mon ame,
Avoir à faire à dix filles par mois,
Que de toucher en dix ans une femme. *

CETTE Morale pourroit bien être goutée dans l'Orient; mais elle a peu de par-
tisans en Europe : car à peine parle-t-on de
tant de Princes qui ont pris les femmes de
leurs sujets, qui ont passé leur vie dans un
éternel adultère; & l'on a jetté les hauts
cris contre le Prince de Dourlach.

LES Souverains mêmes se sont recriés
contre sa conduite; & s'il eût été Catholique comme il étoit Luthérien, je ne
doute pas qu'on ne l'eût excommunié à
Rome, comme étant Turc, & *Archi-Turc.*
On prétend que l'Empereur lui écrivit
plusieurs fois au sujet de son serrail; mais
qu'il répondit toujours à ce Chef de l'Empire, *que la pitié, la charité & la sûreté de*
sa conscience demandoient qu'il agît de même.
Voilà, cher Yn-Che-Chan, parmi les Européens un Saint d'une nouvelle espèce.
Je crois que malgré le grand nombre d'Ec-
cléfiastiques qu'il a contre lui dans toutes
les

* Rousseau, *Edit. de Rotterdam, Tom. II.*

les Sectes Chrétiennes, il trouveroit encore plus de disciples que tous les fondateurs des Moines, si ceux qui le reconnoîtroient pour Bienheureux, étoient assez riches & assez puissans pour pouvoir l'imiter.

Entre Dourlach & Strasbourg, on découvre la Forêt noire; c'est un bois d'une grande étendue qui communique avec les Ardennes d'un coté, & de l'autre avec plusieurs vastes forêts. Ce païs étoit, il y a quelques siécles, habité par des hommes plus sauvages, ou du moins plus cruels que ceux que les Européens ont découverts dans le nouveau Monde. Ils ne vivoient que de rapines, ils couroient sur tous les voïageurs, de quelque Nation qu'ils fussent, & vivoient dans des maisons, qu'on pouvoit appeller des antres. Ils choisissoient pour leurs habitations les endroits les plus écartés & les plus inaccessibles, ils s'y tenoient retranchés, & à l'abri de ceux qui auroient voulu les détruire. Aujourd'hui ces hommes sauvages ont quitté totalement leurs anciennes mœurs, & ils sont même plus doux & plus charitables que bien d'autres Nations Européennes.

On dit que les païs qui entourent la Forêt noire, se ressentoient aussi anciennement de la rudesse & de la férocité de leurs voisins. Tout le Wirtemberg étoit

peu-

peuplé de voleurs & de vagabonds qui n'avoient aucune demeure fixe, & semblables aux Tartares, vivoient dans les endroits où ils trouvoient de quoi satisfaire à leur besoin. Peu à peu les sociétés grossissant, ou plûtôt les troupes de brigands s'augmentant, on fut obligé d'établir quelque ordre & quelque discipline (preuve bien évidente de la nécessité des loix dans un Etat, puisque même les plus méchans hommes ne s'en sauroient passer) les usages changerent insensiblement. Les habitans de ces contrées se formerent peu-à-peu, ainsi qu'avoient fait les anciens Romains, qui, comme eux, n'étoient que des brigands, & qui, comme eux, multipliant beaucoup, furent obligés pour leur intérêt & pour leur conservation d'établir des loix qui défendissent de faire ce qu'ils pratiquoient peu auparavant impunément & sans remord.

Je croirois assez volontiers, cher Yn-Che-Chan, que toutes les Sociétés se sont formées de même, & que les peuples les plus polis & les plus civilisés n'ont été dans leur origine que des bandits, qui se réunissoient quelquefois ensemble pour voler plus sûrement, & qui, après avoir fait leur coup, se dispersoient & se séparoient. *Thucydide* nous apprend que les premiers ancêtres des Grecs n'étoient que des brigands

gands qui couroient dans le plat païs. Il
est constant, dit cet Auteur *, que la Gréce

* Φαίνεται γὰρ ἡ νῦν Ἑλλὰς καλουμένη,
οὐ πάλαι βεβαίως οἰκουμένη, ἀλλὰ μεταναστά-
σεις τε οὖσαι τὰ πρότερα, καὶ ῥᾳδίως ἕκαστοι
τὸν ἑαυτῶν ἀπολείποντες, βιαζόμενοι ὑπό
τινῶν ἀεὶ πλειόνων. τῷ γὰρ ἐμπορίας οὐκ
οὔσης, οὐδ' ἐπιμιγνύντες ἀδεῶς ἀλλήλοις,
οὔτε κατὰ γῆν, οὔτε διὰ θαλάσσης, νεμόμε-
νοί τε τὰ αὑτῶν ἕκαστοι ὅσον ἀποζῆν, καὶ
περιουσίαν χρημάτων οὐκ ἔχοντες, οὐδὲ γῆν
φυτεύοντες (ἄδηλον ὂν ὁπότε τις ἐπελθὼν,
καὶ ἀτειχίστων ἅμα ὄντων, ἄλλος ἀφαιρήσεται)
τῇ τε καθ' ἡμέραν ἀναγκαίου τροφῆς παντα-
χοῦ ἂν ἡγούμενοι ἐπικρατεῖν, οὐ χαλεπῶς ἀ-
πανίσταντο.

Constat enim eam, quæ Græcia nunc appella-
tur, olim non constanter habitatam fuisse, sed
primum frequentes migrationes fuisse factas, &
facile suos quemque fines deseruisse, semper ab
aliquo majore numero coactam. Nam cum nulla
esset negotiatio, nec ullus inter ipsos tuto com-
mercio citra formidinem vel terra, vel mari locus esset, cumque singuli res suas, & agros ea-
tenus colerent, quatenus vitam parce agerent,
nec magnam pecuniæ vim haberent, nec humum
arboribus consererent (quia incertum erat,
quando quis alius incursione repentina labores
esset ablaturus, simul etiam quia nullis muris
erant

te n'étoit point habitée autrefois par des hommes qui euſſent des établiſſemens fixes. Les peuples n'avoient aucun commerce entre eux, ni par mer, ni par terre; ils n'avoient aucune confiance les uns aux autres ; les plus forts & les plus puiſſans dépouilloient les plus foibles. On ne voioit point de villes fortifiées; on ne ſe ſoucioit point d'amaſſer des richeſſes, de peur d'exciter l'avarice & l'ambition de ſes voiſins; on ne cultivoit la terre qu'autant qu'il en falloit pour vivre ; on étoit convaincu par l'expérience qu'on rencontroit par-tout de quoi ſubſiſter. Lorſqu'on ſe trouvoit mal dans un lieu, on paſſoit dans un outre; les plus beaux & les plus fertiles cantons de la Gréce étoient les plus expoſés au ebangement & au pillage.

Puisque les Grecs & les Romains qui ont été des peuples ſi ſavans, ſi éclairés, ſi polis, ont pris leur origine d'un ramas de voleurs, obligés de ſe réunir enſemble & de former une Société réglée & gouvernée par des loix à cauſe de leur grand nombre, pourquoi ne croirons-nous pas que toutes les Nations dont nous ignorons la première origine, en ont une pareille à celle des deux plus illuſtres peuples de l'antiquité?

JE

---

erant minuti) & quotidianum _ac_ neceſſarium victum ſe ubique adepturos exiſtimarent, non gravate ſuis ſédibus migrabant. Thucydid. Hiſt. Lib. I. pag. 2. Edit. Amſtelodam.

JE me ris de la peine & du soin que prennent certains peuples pour se donner d'illustres ancêtres: les uns veulent venir des Troiens, les autres des Babiloniens, quelques-uns enfin, parmi lesquels il faut placer les Japonois, veulent être descendus des Dieux. Quelle folie, cher Yn-Che-Chan! Nous devons nous glorifier de nos vertus, & non point de celles de quelques hommes, morts il y a deux ou trois mille ans, à qui nous n'appartenons pas de plus près qu'au premier *Ynca* du Perou.

LA manie d'avoir des ancêtres illustres n'attaque pas seulement l'esprit des particuliers, mais celui des Nations. Un Egyptien eût regardé autrefois comme un grand affront, si on lui avoit nié que le premier de ses peres fut formé du limon d'Egypte. Un Italien aujourd'hui se dit descendant des Romains, quoiqu'il soit évident qu'après ces diverses inondations des Barbares qui ont successivement ravagé l'Italie, il ne reste aujourd'hui aucune trace du sang des anciens habitans du païs. Ne vaudroit-il pas mieux qu'au lieu de compter *Romulus*, *Scipion*, *Jules César* au rang de ses ancêtres, il en eût le courage & la génerosité? En vérité, s'il est vrai que les Italiens soient les restes du sang de ces grands hommes, il faut que ce sang se soit bien abatardi; il est presque

que aussi méconnoissable que celui d'*Hec-*
tor & d'*Enée* chez les Vénitiens, qui veulent absolument descendre des Troïens.

PORTE-toi bien.

De Dourlach, : . . ,

<hr>

LETTRE QUATRE-VINGT-QUATRIEME.

Yn-Che-Chan, à Sioeu-Tcheou.

TEs Lettres, cher Sioeu-Tcheou, que
je lis avec un plaisir infini, me font
desirer ardemment le moment où je pour-
rai t'embrasser & joüir de ta conversation.
Combien ne me sera-t-elle pas instructive,
combien de choses ne m'apprendra-t-elle
pas, combien de questions n'ai-je pas à te
faire, qui sont en trop grand nombre,
pour t'en demander l'éclaircissement dans
mes Lettres?

LES instructions que j'attends de toi, me
font penser à l'utilité dont sont les Philosophes & les véritables Savans aux autres
hommes. Si l'on connoissoit le bien qu'on
peut recevoir de ces grands génies, on
regreteroit sans cesse de ce que le Ciel ne
les a pas rendus immortels; c'est ainsi que

penſent tous ceux qui ont aſſez de bon ſens pour aimer l'étude de la ſageſſe & celle des choſes naturelles. Suppoſons que *Confucius* eût vécu juſqu'à ce jour, quel bonheur pour la Chine! Je me figure que tous nos compatriotes ſeroient vertueux, modeſtes, aimeroient les Belles-Lettres. Puiſque pendant le peu d'années qu'a vécu ce Philoſophe, il a fait tant de bien à ſa patrie, & a formé tant d'illuſtres diſciples, qu'eût-il donc exécuté durant une longue ſuite de ſiécles? Si *Socrate* & *Platon* euſſent prolongé leur vie auſſi long-tems que je ſouhaiterois que l'eût fait notre ſage maître, ils auroient fait en Europe ce qu'eût fait *Confucius* en Aſie.

Lorsque j'apprens, cher Sioeu-Tcheou, qu'il eſt mort quelque Savant diſtingué, quoiqu'il ne me ſoit connu que par ſes Ouvrages, je m'afflige auſſi vivement que ſi je perdois un bon pere. N'ai-je donc pas raiſon, & les vrais Savans ne ſont-ils pas les peres de tous ceux qui tâchent de faire quelque progrès dans les Sciences? Peu s'en faut qu'en penſant à la mort de tant d'illuſtres perſonnages dont l'Univers a été privé preſque auſſitôt qu'ils y ont paru, je ne murmure contre la barbare fortune; & toute aveugle & ſourde qu'elle eſt, je ſuis tenté de lui reprocher ſes injuſtices & ſes caprices. Que de fats, que d'imbécilles! Que dis-je? que de tyrans, que de barbares

ne

ne conduit-elle pas jufques à l'age le plus avancé, tandis qu'elle moiffonne les jours des plus grands génies au milieu de leur printems?

Si la mort devoit être le partage des humains, du moins ceux qui méritoient véritablement de vivre, auroient dû être les derniers à en fubir les loix. On rapporte une réponfe de *Diogène* à ce fujet, qui me paroît toujours plus belle *. Ce Philofophe a-

---

* Ἤλγει τὸν ὦμον Διογένης, ἢ τρωθεὶς εἴμι, ἢ ἐξ ἄλλης τινὸς αἰτίας· ἐπεὶ ᾗ ἐδόκει σφόδρα ἀλγεῖν, τῶν τις ἀχθομένων αὐτῷ κατεκερτόμει, λέγων. Τί ὂν ἐκ ἀποθνήσκεις, ὦ Διόγενες, καὶ σεαυτὸν ἀπαλλάττεις κακῶν; ὁ ᾗ εἶπε· τὺς εἰδότας, ἃ δεῖ πράτΤειν ἐν τῷ βίῳ, καὶ ἃ δεῖ λέγειν, τύτυς γε ζῆν προσήκει, ὧν καὶ αὐτος ὡμολόγει εἶναι. σοί μὲν οὖν ἔφη ἐκ εἰδότι τά τε λεκτέα καὶ τὰ πρακτέα, ἀποθανεῖν ἐν καλῷ ἐσιν· ἐμὲ ᾗ τὸν ἐπιςήμονα ἐκείνων, πρέπει ζῆν.

Dolebat Diogeni humerus, ex vulnere puto, vel alia quadam caufa. Quum igitur vehementi dolore videretur affici, quidam offenfus ab eo illudebat ei, dicens: Quin igitur mortem obis, ô Diogenes! & teipfum his damnis liberas? At ille refpondit: Eos qui fcirent quæ in vita fieri dicique conveniret, in vita manere æquum effe,

in

avoit un mal à l'épaule qui lui causoit une violente douleur. Un homme qui ne l'aimoit point, & qui croioit avoir reçu de lui une offense, le plaisantoit sur les plaintes que lui arrachoit la violence du mal. „ D'où vient, ô Diogène! „ lui disoit-il, ne te donnes - tu pas „ la mort, & ne fais-tu pas ainsi fi- „ nir ta douleur? „ Le Philosophe répondit à son ennemi: *C'est à ceux qui connoissent l'usage qu'il convient de faire de la vie, à qui il appartient de la conserver; mais pour ceux qui, comme toi, ne savent ni comment il faut agir, ni comment il faut parler, il leur est libre de mourir quand ils le veulent. La même raison qui te permet donc de t'ôter la vie, m'ordonne de la prolonger le plus qu'il m'est possible.*

La sage maxime de *Diogène* peut être appliquée journellement dans un nombre infini d'occasions où l'on égale si mal à propos la perte d'un sot avec celle d'un Savant. Il n'est rien de si commun que d'entendre dire, *Un tel Seigneur est mort à la fleur de son âge, c'est en vérité bien dommage;*

ge; *il étoit riche de cinquante mille livres de rente.* Si l'on demande quel étoit le caractère de ce Seigneur, on répondra: *C'étoit un jeune débauché, il aimoit excessivement la bonne chere; on prétend même que l'excès du vin n'a pas peu contribué à sa mort.* En vérité, cher Sioeu-Tcheou, voilà un homme bien respectable, & dont la perte causera de grands maux à l'Etat. On boira quelques pots de vin de moins dans la ville où il habitoit, & quelques Mandarins, aussi yvrognes que lui, s'appercevront de son absence dans leurs fêtes Bachiques. Si l'on dit à la même personne qui paroît si touchée de la mort prématurée du Seigneur, *Un jeune Lettré, qui promettoit infiniment par les Ouvrages qu'il avoit déja publiés, est mort depuis peu de jours,* elle vous répondra séchement: *Je n'en savois rien, nous sommes tous mortels.,,*

,, Il est vrai, devroit-on lui repliquer,
,, nous sommes tous mortels; mais la mort
,, ne devroit être faite que pour des imbé-
,, cilles tels que toi, qui, ignorant com-
,, ment il faut agir & parler, s'affligent de
,, la mort d'un homme, plûtôt pernicieux
,, qu'utile à la Société civile, & paroif-
,, fent insensibles à celle d'un Sage
,, qui auroit pû lui procurer mille avanta-
,, ges. ,,

La Nature, cher Sioeu-Tcheou, produit tous les jours en abondance des gens

des-

destinés à être riches, à posseder des emplois distingués; mais elle est avare de la naissance des Philosophes. A peine en donne-t-elle à l'Univers cinq ou six dans un siécle; encore ne sont-ils pas tous égaux en mérite, & cette Nature, prodigue dans la formation des Princes, des Souverains, des Mandarins, des Courtisans, semble avoir oublié depuis vingt siécles comment elle construisit en Asie le cerveau de *Confucius*, & en Europe celui de deux ou trois Philosophes Grecs. Elle a paru ne s'en ressouvenir que dans ces derniers tems, lorsqu'elle a formé les *Gassendi*, les *Descartes* & les *Newtons*, les *Tcheins* & les *Yns-Kans*, les *Tcheou-Kong-Ki*; cependant ces hommes respectables sont morts, ils ont subi les loix des Parques. Hé! qui sait, cher Sioeu-Tcheou, quand est-ce qu'il en paroîtra qui puissent leur être comparés? Vingt ou trente siécles s'écouleront peut-être, c'est-là la durée d'un Monde. Dans ce long intervalle de tems combien ne naîtra-t-il pas de Mandarins & de Juges ignorans, de Princes qui tyranniseront leurs sujets, de Courtisans qui trahiront la vérité, de Bonses & de Prêtres qui se joüeront de la crédulité des peuples? Ces gens, destinés à la mort par leurs crimes & par leur caractère, qui même n'auroient jamais dû naître pour le bonheur du genre humain, auront cependant

l'im-

l'impudence de se plaindre de leur sort,
& trouveront des gens assez imbécilles &
assez aveugles pour entrer dans leur sens,
& pour les plaindre d'être sujets au même destin que les *Confucius* & les *Platons.*

Lorsque je vois un riche ignorant, un Mandarin peu estimable, se plaindre d'être sujet à la mort, je serois tenté de lui dire avec *Lucrèce*: ,, Oses-tu souhaiter *

,, d'ê-

* *Hoc etiam tibi tute interdum dicere possis:*
  Lumina suis oculis etiam bonus Ancus reliquit,
  Qui melior multis, quam tu, fuit, improbe,
     rebus.
  Inde alii multi Reges, rerumque potentes
  Occiderunt, magnis qui gentibus imperitarunt.
  Ille quoque ipse, viam qui quondam per mare magnum
  Stravit, iterque dedit legionibus ire per altum,
  Ac pedibus salsas docuit superire lacunas;
  Et contemsit, aquis insultans, murmura ponti,
  Lumine ademto animam moribundo corpore fudit.
  Scipiades belli fulmen, Carthaginis horror,
  Ossa dedit terræ proinde ac famul infimus esset.
  Adde repertores doctrinarum atque leporum;
  Adde Heliconiadum comites, quorum unus Homerus
  Sceptra potitus eadem aliis sopitu' quieta est.
  Denique Democritum postquam matura vetustas
  Admonuit memorem motus languescere mentis,
  ·Sponte sua letho caput obvius obtulit ipse.
  Ipse Epicurus obit decurso lumine vitæ,

Qui

,, d'être immortel, & te plaindre du deſtin,
,, toi qui par tes qualités mérite ſi peu de
,, vivre, tandis qu'*Ancus*, ce Prince dont
,, les vertus doivent te couvrir de confu-
,, ſion, ne joüit plus de la vie? Pluſieurs
,, autres Souverains, auſſi juſtes que lui,
,, ont ſubi le même ſort; le Trône ne les
,, a point mis à l'abri de la mort. *Xerxès*,
,, qui s'ouvrit un paſſage au milieu de la
,, mer, qui, malgré la fureur des flots, fit
,, marcher ſes troupes dans des précipices,
,, & fouler aux pieds des chevaux les on-
,, des émûes, dont il mépriſa le bruit ef-
,, fraïant, ne voit plus le jour. *Scipion*,
,, ce foudre de guerre, la terreur des Car-
,, thaginois, a ſubi le ſort des plus vils
,, mortels; ſes os ont été mis dans la terre
,, comme ceux d'un ſimple eſclave. Ceux
,, qui ont inventé les Arts & les Sciences,
,, qui ont perfectionné l'éloquence, les
,, Poë-

Qui genus humanum ingenio ſuperavit & omnes
Præſtinxit, ſtellas exortus uti ætherius ſol,
Tu vero dubitabis, & indignabere obire,
Mortua cui vita eſt prope jam vivo, atque
   videnti?
Qui ſomno partem majorem conteris ævi?
Et vigilans ſtertis, nec ſomnia cernere ceſſas,
Sollicitamque geris caſſa formidine mentem?
Nec reperire potes, quid ſit tibi ſæpe mali, cum
Ebrius urgeris multis miſer undique curis,
Atque animi incerto fluitans errore vagaris?
Lucret. de Rer. Natural. Lib. III. ſub. fin,

,, Poëtes, compagnons des Muses, n'ont
,, point été exempts de la mort. *Homère,*
,, à qui tout le Parnasse défere le sceptre,
,, ne joüit plus de la lumière. *Démocrite,*
,, profitant des avertissemens que lui don-
,, noit sa grande vieillesse, s'appercevant
,, que les facultés de son ame s'affoiblis-
,, soient, alla lui-même au-devant de la
,, mort, & n'attendit pas qu'elle le vint
,, chercher. *Epicure* enfin, qui s'est si fort
,, élevé, par la grandeur de son génie &
,, par la force de son imagination, au-des-
,, sus des hommes, & qui a effacé les au-
,, tres Sages autant que le Soleil par sa lu-
,, mière obscurcit dans sa naissance l'éclat
,, des autres Astres, ne voit plus le jour. Et
,, toi, foible & vil mortel, tu te plains
,, de la mort ; tu ne peus te résoudre à su-
,, bir un destin qui t'est commun avec les
,, plus grands hommes, tandis. que tu es
,, déjà par ta manière de vivre à moitié
,, dans le tombeau, que tu passes la plus
,, grande partie de ta vie dans le sommeil,
,, que tu es toujours dans une continuelle
,, inaction, que tu bailles en veillant, &
,, que ton esprit, soit que tu veilles, soit
,, que tu dormes, est également rempli
,, de songes vains & ridicules. Tu sens
,, que tu es malheureux, sans pouvoir ce-
,, pendant en deviner la cause, parce que
,, tu ressembles à un homme yvre, & que
,, les soins chimériques qui t'accablent,

O 5

,, trou-

„ troublent ton imagination & te livrent
„ fans ceſſe à l'incertitude & à l'er-
„ reur. „

VOILA, cher Sioeu-Tcheou, ce que je ſe-
rois tenté de dire à tous ces Grands, qui,
n'aiant aucun mérite, ôſent ſouhaiter d'ê-
tre diſtingués, par le privilège de l'immortalité, des autres hommes. Quant à moi,
je t'avoüerai que loin d'être ſenſible à la
mort d'un Mandarin qui n'avoit d'autre mérite que celui de ſon rang & de ſes richeſſes, je la regarde comme un bonheur pour
la Société civile. L'emploi, dis-je, que cet
homme occupoit, ſera peut-être exercé à
l'avenir par un autre, plus digne de le
remplir. J'applique alors la belle maxime
de *Diogène : C'eſt à ceux qui ſavent agir
& parler, qu'il appartient de vivre,* & j'en
conclus que les plus grands Seigneurs qui
n'ont devers eux que leur rang, leurs richeſſes & leur naiſſance, ne doivent pas
être plus regretés des autres hommes, que
les plus ſimples & les plus inutiles mortels.
Auſſi peut-on dire qu'en général ils ne le
ſont guères plus, ou s'ils le ſont, le cha-
grin que l'on a de leur perte, n'eſt pas de
longue durée. A peine ſe ſouvient-on aujourd'hui dans la Chine de tant de Mandarins qui ſont morts depuis quinze ou
vingt ans ; dans les autres Empires, les
Grands qui n'ont eu aucun mérite perſon-
nel, ſont ſujets au même oubli.

C'EST

C'EST cet oubli, cher Sioeu-Tcheou, qui venge les Savans outragés, du mépris que quelques Princes, peu dignes de l'être, & quelques Seigneurs ignorans ôsent faire d'eux, qui voient la mémoire des hommes de Lettres reprendre une nouvelle force par la suite des tems, & se renouveller de nouveau, pour ainsi dire, dans tous les siécles. A peine entendent-ils parler des trois quarts des Souverains parmi ceux qui ont vécu dans tant de siécles. Quelle que soit la puissance d'un Monarque, pendant qu'il vit, s'il n'est vertueux, s'il n'a pas des qualités qui conviennent à son caractère, en vain se flatte-t-il de transmettre son nom à la postérité. Il n'y paroît que pour occuper une petite place dans les fastes de l'Empire; encore y est-il accompagné de quelque épithète injurieuse. Il est vrai qu'il y a des Princes si méchans, que l'horreur qu'on a eue d'eux, a immortalisé leur nom; mais quelle affreuse immortalité que celle qui nous assûre de la haine éternelle du genre humain! La différence qu'il y a entre l'idée que les Chinois ont de la mémoire de *Confucius* & celle de l'Empereur *Tchin-Kantou*, est aussi différente que les notions qu'ils ont de la bonté du *Tien*, sont opposées à celle que les Européens ont de la méchanceté du Diable, qu'ils regardent avec une horreur sans égale.

Un

Un des plus efficaces moïens pour rendre sages & vertueux les mauvais Rois, ce seroit de leur montrer à découvert la haine universelle qu'on porte encore à ceux qu'ils imitent quinze & vingt siécles après leur mort. Il faudroit qu'ils fussent bien endurcis dans le crime, s'ils n'étoient émûs par l'idée qu'ils sentiroient qu'on a d'eux pendant leur vivant, & qui se perpétuera après leur mort. Ils feroient sans doute par vanité & par amour propre, ce qu'ils ne font point par l'amour de la vertu; & s'ils ne pouvoient devenir réellement des gens de bien, ils tâcheroient du moins de le paroître.

Porte-toi bien, cher Siocu-Tcheou, & continues à me donner de tes cheres nouvelles.

De Peckin, le. . .

LETTRE QUATRE-VINGT-CINQUIEME.

Kieou-Che, à Sioeu-Tcheou.

JEDO, capitale de l'Empire du Japon, où je suis arrivé depuis deux jours, me paroît digne, cher Sioeu-Tcheou, de la curiosité d'un voïageur; mais j'ai encore vû si peu de chose dans cette ville, que je ne te parlerai dans ma Lettre que de ce qui m'est arrivé depuis mon départ de Nagasaki. Je partis, ainsi que je te l'ai mandé, avec les Hollandois, qui sont obligés de faire toutes les années un voïage à la Cour, lorsque les marchandises qu'ils reçoivent d'Europe & de Batavia, sont arrivées à Nagasaki. Leur compagnie m'a été très utile, je n'ai pas médiocrement profité de leurs instructions. Je puis leur parler très familiérement & sans témoin, je suis à leur suite, comme étant de leur Nation, & c'est en qualité de Marchand intéressé dans la Compagnie des Indes, que j'ai eu la liberté de venir à Jedo.

LES édifices publics & les maisons des particuliers que j'ai vûs dans ma route, ne sont point comparables, à ce que disent les Hollandois, aux bâtimens d'Europe, ni en grandeur, ni en magnificence. Je les trouve aussi très inférieurs à ceux de la Chine; ils sont fort bas, tout de bois, & n'ont qu'un seul étage. S'il arrive, ce qui est fort rare, qu'ils en aient deux, on ne sauroit habiter dans le second; il ne peut servir qu'à renfermer des meubles.

Il est défendu aux particuliers par les ordres de l'Empereur, de donner à leurs maisons plus de six toises de hauteur, à cause des fréquens tremblemens de terre auxquels le Japon est fort sujet, qui ruinent & renversent plûtôt les bâtimens de pierre qui font hauts & massifs, que ceux qui sont de bois, bas & petits.

On peut diviser en quatre classes différentes les maisons de Japonois. Dans la première je place les châteaux, ou palais des Seigneurs; dans la seconde les maisons des villes & des bourgs; dans la troisième celles des villages, & dans la quatrième celles des païsans & des laboureurs. Tu connoîtras parfaitement, cher Siocu-Tcheou, la façon de bâtir des Japonois, lorsque je t'aurai appris de quelle manière sont construits tous ces différens bâtimens.

Les châteaux des Nobles font ordinairement bâtis auprès de quelque rivière, ou sur une éminence; ils occupent un

fort

fort grand terrein , & font entourés de trois différentes enceintes de muraille. Chaque enceinte eſt défendue par un foſſé ; c'eſt dans celle qui eſt renfermée au milieu des autres, que ſe trouve le bâtiment où le Seigneur fait ſa demeure ; dans la ſeconde font placées les maiſons de ſes principaux domeſtiques, de ſes Secretaires, Intendans ; dans la troiſième font les logemens des ſoldats, des valets, des porteurs, des palefreniers. On cultive les eſpaces vuides qui ſe trouvent entre les différentes enceintes ; on en fait ordinairement des jardins.

LORSQUE les murailles de ces foltereſſes tombent en ruine, ceux à qui elles appartiennent, ne peuvent les réparer ſans en avoir auparavant obtenu la permiſſion de l'Empereur. Il n'eſt point auſſi permis à qui que ce ſoit, d'en bâtir de ſemblable ſans un ordre exprès du Souverain. Les Hollandois m'ont aſſûré que les Monarques Européens avoient la même politique que les Princes Japonois, & qu'ils la pouſſoient même beaucoup plus loin, permettant très rarement que des Nobles aient des châteaux fortifiés, & les faiſant détruire le plus qu'il leur eſt poſſible, ſous différens prétextes. C'eſt par une conduite auſſi fine , qu'inſenſiblement les Empereurs du Japon n'ont conſervé en bon état que les places qu'ils ont cru leur être néceſſaires ,

&

& qu'ils ne craignent point aujourd'hui qu'un Noble, quelque puiſſant qu'il ſoit, puiſſe à l'avenir en fortifier de nouvelles contre leur volonté.

LES maiſons qui ſont dans les villes, ſont aſſez propres, & la manière dont elles ſont meublées, répare celle dont elles ſont bâties. Il ſemble que les diverſes choſes dont les bourgeois Japonois embelliſſent leurs appartemens, paroiſſent mieux dans ceux qui ſont petits, qu'ils ne feroient dans de grands & ſpacieux. Les chambres ſont rarement ſéparées les unes des autres par des murs de bois, elles le ſont par des paravents faits de papier peint, ou doré, & enchaſſé dans des bordures de bois ; on élargit & l'on retrécit par ce moſen une chambre ſelon qu'on le juge à propos, & cela eſt fait dans un inſtant. Les planchers, les montées lorſqu'il y en a, les portes, les fenêtres, enfin tout ce qu'on peut vernir, l'eſt avec beaucoup de propreté & de délicateſſe. Au reſte, les habitans du païs prétendent, & les Européens ne le nient point, que les maiſons ſont plus ſaines ici que par-tout ailleurs, ſoit parce qu'elles ſont bâties de bois de cèdre, ou de ſapin, & point ſujettes à l'humidité, ſoit parce que les fenêtres ſont faites de manière qu'en les ouvrant & ôtant les paravents qui ſéparent les chambres, l'air paſſe librement au travers de la mai-

maison, s'y renouvelle entiérement, & la purifie de toutes les vapeurs qui caufent dans les autres païs tant de maladies.

Lorsqu'il y a dans les bâtimens un fecond étage, il eft toujours bâti plus folidement que le premier. Cela paroît d'abord extraordinaire à un étranger: un pareil édifice feroit regardé à la Chine comme un chef-d'œuvre d'ignorance, ou même d'extravagance; mais l'expérience a appris aux Japonois qu'il leur étoit très avantageux de bâtir de même, aiant obfervé que dans les violentes fecouffes de tremblemens de terre, la preffion de la partie fupérieure de la maifon fur l'inférieure, bâtie beaucoup plus legérement, empêchoit que tout le bâtiment ne fût renverfé, ou ne s'écroulât.

Les villages, dont j'ai rangé les maifons dans la troifième claffe, font ordinairement bâtis fur le grand chemin, & fouvent n'ont qu'une feule rue fort longue, parce que la plûpart des gens qui y demeurent, gagnent leur vie à vendre des provifions aux voïageurs, ou les marchandifes dont ils peuvent avoir befoin. Il y a beaucoup plus de marchands, de cabaretiers, de voituriers dans les villages, que de païfans. Ces derniers reftent ordinairement dans des hameaux, ou dans des campagnes; leurs maifons reffemblent plûtôt à des étables de bœufs qu'à des bâtitimens pour loger des hommes. Je n'en ai vû que d'assez loin ; mais voici ce qu'on m'en a dit : „ Elles sont composées de „ quatre murailles basses *, couvertes d'un „ tas de chaume ou de bardeaux : dans „ le derrière de la maison le plancher s'é- „ leve un peu au-dessus du rez-de-chauf- „ fée, & c'est-là que les paisans Japonois „ placent le foïer ; tout le reste est cou- „ vert de nattes assez propres. Derrière „ la porte de la rue, pend un rang de „ grosses cordes faites de paille, non pas „ pour empêcher les gens d'entrer, ou „ de sortir : mais en place de jalousie, „ afin qu'on ne puisse pas voir dehors ce „ qu'on fait dedans. Ces maisons sont „ très mal meublées ; beaucoup d'enfans „ & une grande pauvreté sont générale- „ ment le partage de ceux qui les habi- „ tent ; & néanmoins à l'aide de quelque „ petite provision de ris, de plantes & de „ racines , ils vivent heureux & con- „ tens. "

On peut dire en général, cher Sioeu-Tcheou, qu'il en est de même dans tous les païs qu'au Japon, & que la vie cham-pêtre d'un païsan est plus tranquille & plus heureuse que celle des plus riches arti-sans. La sage Providence a distribué d'u-ne

---

* *Histoire du Japon, par Kemper, Tom. V. pag.* 303.

d'une telle manière les différentes sortes
de biens, que ceux qui paroissent les
moins riches & les moins avantagés de la
fortune, possèdent cependant des trésors
très précieux. En est-il parmi ceux des
Princes & des Souverains qui soient d'un
plus grand prix que la tranquillité d'esprit,
que le mépris des grandeurs, que l'indifférence pour les honneurs chimériques
qui coutent tant de peine à acquérir, &
qui ne font qu'augmenter les besoins &
les incommodités de la vie, qui, en paroissant nous élever au-dessus des autres
hommes, nous asservissent à des gênes
continuelles, & ne nous rendent respectables qu'en nous rendant malheureux?
Quel triste honneur que celui qui fait mon
infortune, & quelle pitoiable grandeur
que celle qui me rend esclave!

Je t'avoüerai, cher Sioeu-Tcheou, que
j'ai toujours considéré la vie champêtre
comme la seule qui pouvoit rendre les
hommes véritablement heureux, parce
qne c'est celle qui les expose à moins de
besoins, qui leur apprend à se contenter
de peu, & qui les garentit d'être le joüet
de toutes les passions violentes qui re-
gnent avec tant d'empire, non seulement
chez les Princes & les courtisans; mais
encore parmi les habitans des villes. Ce
n'est pas seulement dans les Cours que
l'ambition, la jalousie, l'envie d'acquérir

P 2

des

des richesses, le desir de primer, ont établi leur domicile, ils demeurent aussi dans les hôtels des Magistrats, dans les études des Lettrés, dans les maisons des bourgeois & dans les boutiques des marchands; mais ils n'ont jamais paru dans les hutes, dans les chaumières, & dans les granges des laboureurs, des campagnards.

L'INCLINATION que j'ai toujours eue pour la vie champêtre, m'a fait faire des réflexions qui m'ont presque fait abandonner de vûe les Japonois; je retourne à eux. J'en ai rencontré plusieurs qui voïageoient & qui s'en alloient, ainsi qu moi à Jedo: ils étoient équipés d'une manière qui m'a paru bien extraordinaire, ainsi qu'à mes camarades de voïage les Hollandois. Ils portoient un grand manteau, fait d'un papier extrêmement fort, doublé d'un autre papier vernissé & huilé. Ce manteau étoit si ample, qu'il couvroit à la fois le cavalier, le cheval & la valise. Un Japonois dans cet habillement ressembleroit assez à une piramide, si pour se garantir du Soleil, il ne se couvroit la tête d'un chapeau de paille, ou de bambou, extrêmement large & aussi grand qu'un parasol. Il attache ce chapeau sous le menton avec des rubans. Le reste de l'habillement de voïage des Japonois n'est pas moins singulier, ils portent des culottes fort

lar-

larges, qui vont en étreciffant pour couvrir les jambes, & qui font fendues des deux côtés pour y faire entrer les extrémités de leurs longues robes, qui les incommoderoient beaucoup en marchant, ou en allant à cheval. Il y en a qui mettent un jufte-au-corps, ou manteau court pardeffus ces culottes; quelques-uns ne portent point de bas, mais entourent leurs jambes d'un ruban très large.

Les gens du commun, les domeftiques, les porteurs de chaife ne fe fervent point de culottes, qui les géneroient & les empêcheroient d'être auffi habiles qu'ils le font; ils ne laiffent point cependant tomber leurs robes, ils les retrouffent jufqu'à la ceinture avec autant d'indifférence & de fang froid, que s'ils avoient dix caleçons qui couvriffent leur nudité. Ils expofent fans aucun fcrupule à la vûe de tout le Public les parties que la bienféance ne permet point qu'on découvre. Ils difent à ceux qui paroiffent étonnés de leur immodeftie, qu'ils ne doivent point rougir de montrer ce que la Nature leur a donné, & que ce n'eft pas un plus grand mal de fe découvrir le bas du ventre que le haut de la tête.

Le premier jour de notre route je fus bien furpris, cher Sioeu-Tcheou, lorfqu'en fortant des portes de Nagafaki, je vis tout-à-coup quatorze ou quinze de nos

pale-

palefreniers, qui, trouſſant leur robe, expoſerent à nos yeux ce qu'un homme à la Chine ne pourroit découvrir ſans être regardé comme un fou, ou comme un impudique & un infâme. Les Hollandois. qui avoient déjà fait pluſieurs fois le voïage, ne furent point étonnés de l'exhibition ſubite de toutes ces piéces; ils rirent mê-me beaucoup de ma ſurpriſe, quoiqu'ils ne condamnaſſent pas moins que moi la cou-tume honteuſe de ces Japonois. Enfin, é-tant revenu de mon étonnement, un Hollandois, à qui je témoignois le mépris que m'inſpiroit un pareil uſage, me dit en ſouriant, ,, Il faut que je vous appren-,, ne une petite hiſtoire que ces palefre-,, niers me rappellent.

,, LORSQUE j'étois en Europe, continua ,, l'Hollandois, je demeurois dans une ,, ville, où le Commandant, homme ex-,, ceſſivement dérangé, devant à tout l'U-,, nivers, empruntant toujours ſans s'em-,, barraſſer comment il pourroit païer, ,, étoit ſouvent perſécuté par ſes créan-,, ciers qui l'accabloient par leurs viſites ,, réiterées. Il y avoit entre-autres deux ,, femmes, qui réguliérement venoient ,, tous les matins l'ennuier des leurs ,, plaintes. Le Commandant les aſſûroit ,, en vain qu'il les païeroit dans quelque ,, tems, les obſtinées créancières ne man-,, quoient point de renouveller tous les

,, ma-

„ matins leurs demandes. Enfin un jour le
„ Commandant, laffé de leur opiniâtreté,
„ les reçut en robe-de-chambre fans cu-
„ lotte. Tout-à-coup, comme elles par-
„ loient avec beaucoup de feu, il trouffa
„ fa robe & parut dans l'état où vous
„ voiez ces palefreniers. Un voïageur
„ qui a mis le pied fur la tête d'un fer-
„ pent, ne fuit pas avec plus de viteffe,
„ que les deux créancières à la vûe
„ de ce que leur montroit leur dé-
„ biteur. *Je vous païerai,* leur cria le
„ Commandant, comme elles for-
„ toient, *tous les jours avec la même*
„ *monnoie.*

PORTE-toi bien.

De Jedo, le . . . .

LET. QUATRE-VINGT-SIXIEME.

Sioeu-Tcheou, à Yn-Che-Chan.

STUTGARD, cher Yn-Che-Chan, est une ville mal bâtie, & assez grande ; les rues en sont sales, remplies de boüe, seulement à demi pavées. Les autres villes du Wirtemberg m'ont paru encore plus mal propres & plus chétives. On dit que ce païs étoit autrefois très riche ; mais que le regne des deux ou trois derniers Souverains l'a excessivement appauvri ; on se plaint sur-tout du gouvernement du feu Prince *Alexandre*. Les sujets disent que s'il eût vécu encore quelques années, ils auroient tous été ruinés entiérement. Ce Prince avoit de grandes qualités, il en avoit aussi de mauvaises ; il étoit brave, il aimoit les Arts & les Sciences, il étoit généreux, magnifique. Sa Cour étoit une des plus brillantes de l'Allemagne, les spectacles, les bals, les concerts, les festins y étoient très fréquens ; mais il falloit des sommes immenses pour subvenir aux frais de ces fêtes galantes. Le peuple étoit surchargé d'impôts, & il n'y avoit aucun moyen que le Prince ne mît en pratique pour dépouiller entiérement ſes ſujets: il eût mieux valu qu'il les eût fait moins danſer, moins aller à la Comedie, & qu'il ne les eût point mis à la chemiſe.

ALEXANDRE avoit auſſi un Juif pour ſon premier Contrôleur général des finances. Cet homme, habile dans l'art de voler, ainſi que le ſont tous ceux de ſa Nation, inventa mille nouvelles taxes, & trouva des moïens pour les retirer, dont tout autre qu'un Juif ne feroit jamais aviſé. A l'emploi de Miniſtre des finances, on prétend que l'Iſraélite en joignoit un autre, & qu'il étoit auſſi habile dans l'art de ſéduire les femmes, que dans celui de dépouiller les hommes. Il ne ſe contentoit point de rendre le Prince poſſeſſeur de tous les biens de ſes ſujets, il lui donnoit encore des moïens pour ſe ſervir de leurs femmes & de leurs filles.

CE Juif païa dans la ſuite bien chérement tous les crimes dont il avoit été le principal auteur. Le Prince étant mort ſubitement, on l'arrêta; il fut gardé étroitement pendant plus d'une année. On inſtruiſit ſon procès, il fut enfin condamné à être pendu; mort bien douce pour un homme qui avoit ruiné la plus riche province de l'Allemagne, & dont les vols & les concuſſions étoient peut-être les moindres crimes! Les juges ordonnerent

P 5

que son corps seroit enfermé dans une cage de fer, pour qu'il pût être conservé
plus long-tems, & servir d'exemple à tous
ceux qui seroient tentés de l'imiter. J'ai
vû, cher Yn-Che-Chan, ce misérable Juif
dans sa cage, il est vêtu d'un habit rouge,
bordé d'un galon d'or, qu'on lui fit faire
la veille de sa mort. J'avoüe que je ne
pénétre point la cause de cette cérémonie,
il me paroît même que l'affectation d'ha-
biller magnifiquement un misérable pendu,
marque une certaine animosité. Il est vrai
que cette animosité est bien excusable
dans des gens qu'on a volés, & qu'on a
faits, ou fait faire cocus par-dessus le
marché.

Le sort de ce Juif est semblable à celui
de tant d'autres Ministres, à qui la mort
imprévûe de leur maître n'a pas laissé le
loisir de se précautionner contre les ennemis qu'ils s'étoient faits pendant le cours
de leur ministère. Je t'avoüe que si j'étois
le favori d'un tyran, ou d'un Prince haï de
ses sujets, je prendrois des précautions
pour ne point être livré à la colère de ceux,
que je saurois n'attendre que la mort de
mon maître pour se venger de tous les maux
qu'ils croiroient avoir reçus de moi. J'aurois nuit & jour des chevaux sellés dans
mon écurie, & des relais placés sur la route de la retraite que je me serois assûrée.
Tant de précautions ne me rassûreroient

point

point encore, je craindrois qu'il n'arrivât tel évenement, qu'elles deviendroient i-nutiles. Lorſque je me trouverois auprès du Prince au milieu de ſes courtiſans, s'il avoit un ſimple mal au cœur, une legère foibleſſe, je me croirois perdu ; il me ſembleroit de voir les courtiſans m'arrêter déjà & me ſaiſir eux-mêmes. Tel eſt, cher Yn-Che-Chan, la ſituation des mé-chans : quelque ſoin qu'ils prennent pour ſe tranquilliſer, il eſt impoſſible qu'ils puiſ-ſent y réuſſir, lorſqu'ils ſont arrivés au point d'être aſſez mauvais pour n'avoir plus de remords ; la crainte des châtimens les épouvante. S'ils ſont venus à bout d'étouffer dans leur cœur tous les ſenti-mens d'honneur & de probité, ils ne peu-vent en arracher la fraïeur ; la vûe d'un affreux avenir leur ſert de bourreau, & leur fait ſouffrir mille morts par la crain-te de celle qu'ils redoutent.

LES Souverains du Wirtemberg avoient toujours été Luthériens ; mais le dernier Duc, celui dont je viens de te parler, embraſſa le Catholiciſme dans un tems où il étoit encore très éloigné de la ſouverai-neté. Il y avoit pluſieurs Princes qui de-voient par leur naiſſance regner avant lui. Ces Princes moururent aſſez vite les uns après les autres ; *Alexandre* ſe trouva Duc de Wirtemberg, lorſqu'il ſembloit devoir ne point eſperer de l'être. La Religion
qu'il

qu'il avoit embrassée, contribua beaucoup
à la haine de ses sujets. Jamais Prince ne
fut moins aimé que lui; lorsqu'il mourut,
peu s'en fallut qu'on ne fît des réjoüissan-
ces publiques. Le peuple débitoit mille
contes chimériques pour rendre sa mémoire éternellement odieuse, il disoit que
s'il eût vécu encore quelque tems de plus,
il devoit enlever les principales Eglises de
Stutgard aux Luthériens pour les donner
aux Catholiques; que le Juif se feroit fait
Chrétien, & auroit été déclaré premier
Ministre; que l'on songeoit à égorger tous
les principaux Luthériens, & que Dieu,
pour empêcher l'exécution de ces funestes
projets, avoit puni par une mort imprévûe
& subite celui qui les avoit formés.

Ces fabuleuses & calomnieuses histoires
trouvoient d'autant plus facilement les esprits disposés à les regarder comme des
vérités, qu'indépendamment de la haine
qu'on avoit contre le Prince défunt, sa
mort avoit véritablement quelque chose
de funeste, & sembloit s'accorder avec
ce que disoit le peuple du rigoureux jugement du Ciel. Ce Duc étant dans son
château de Ludwigsbourg avec plusieurs
de ses courtisans, beaucoup plus occupé
du soin de s'amuser & de multiplier ses
plaisirs, que de celui de penser à mourir,
paroissant même joüir d'une santé parfaite,
& étant d'une humeur fort gaie, se sentit
tout.

tout-à-coup oppreſſé. Il quitta le jeu, entra dans ſa chambre à coucher, & ſe plaignit que l’oppreſſion augmentoit. Les Médecins ordonnerent qu’on le ſaignât dans l’inſtant ; la ſaignée ne produiſit aucun effet, & le Prince, ſe trouvant plus mal, s’écria tout d’un coup: *Que ſens-je? je me meurs.* En prononçant ces paroles, s’étant penché ſur ſon fauteuil, il tomba à terre, & mourut.

Les ſymptômes d’un genre de mort auſſi extraordinaire firent croire aux amis du Duc, & ſur-tout aux Catholiques, que les hommes avoient été la cauſe ſeconde de ſa fin tragique. Ils prétendirent qu’un zèle criminel pour la Religion Luthérienne avoit fait mettre le poiſon en uſage pour ſe débarraſſer d’un Prince, qui, l’aiant abandonnée, pourroit bien vouloir la détruire un jour. Ils firent ouvrir ſon corps ; leurs ſoupçons ſe trouverent vains & ſans aucune apparence de vérité. Les Médecins & les Chirurgiens déclarerent qu’ils n’avoient apperçu aucune marque de poiſon ; ainſi les raiſonnemens des Luthériens & des Catholiques furent également faux, & n’eurent d’autre fondement que la haine, ou l’amour qu’ils avoient pour ce Souverain. Les uns & les autres ont parlé, & parlent encore aujourd’hui de lui d’une manière ſi oppoſée, qu’on voit

bien

bien que la seule passion dicte leurs discours.

J'ai consulté quelques étrangers qui ont resté plusieurs années dans le Wirtemberg, & qui, n'étant ni sujets, ni ennemis du Duc, en parloient sans prévention. Ils m'en ont dit ce que je t'en ai déjà appris; c'est qu'il avoit de mauvaises qualités qui tendoient à ruiner ses Etats, mais il avoit aussi de grands talens pour former un Général célèbre. Etant encore jeune, il servit sous le Prince *Louis* de Bade & sous ce fameux Prince *Eugene*, dont t'ont parlé si souvent nos amis les Missionnaires. Il se distingua aux siéges de Lille, de Gand, de Tournai, de Mons, à la bataille de Malplaquet. Il défendit pendant plus de deux mois Landau contre les François avec toute la valeur & la prudence possible, il fut au siége de Temeswar, dont il fut fait Gouverneur, & se fit un grand nom dans cette fameuse bataille qui fut cause de la prise de Belgrade. L'Empereur le fit encore Gouverneur de cette dernière place. Heureux s'il avoit joint à tant de belles actions celle de traiter ses peuples avec plus de douceur, & qu'il n'eût pas agi avec ses sujets comme avec des ennemis, & regardé leurs biens comme ceux des François ou des Turcs, que le droit de la guerre lui permettoit de s'approprier!

On

ON accuse encore ce Prince de n'avoir point eu de Religion; mais si cela étoit, d'où vient donc les Luthériens étoient-ils si fâchés qu'il se fût fait Catholique? Ils perdoient peu de chose, en perdant un homme qui méprisoit également toutes les Religions. Et d'où vient donc encore que les Catholiques se glorifioient si fort du gain de ce Prince? Quel honneur recevoient-ils d'un proselite, qui dans le fond du cœur se moquoit de leur Croiance? Je crois, cher Yn-Che-Chan, que quand il seroit vrai, comme il pourroit bien l'être, que ce Duc n'auroit point eu de Religion, ceux qu'il avoit quittés, & ceux chez lesquels il étoit entré, devroient également ne point le rendre suspect du côté de l'indifférence de Religion. En agissant différemment, ils montrent combien la prévention, la haine & l'esprit de parti influent dans leur conduite, & ils découvrent aux gens de sens qu'ils se haïssent assez les uns les autres pour s'envier la possession d'un homme qui les traite également de visionnaires. C'est assez pour eux qu'il fasse profession extérieurement de condamner leurs adversaires; voilà un plaisant zèle de Religion!

LES Luthériens, cher Yn-Che-Chan, racontent une histoire assez singulière sur le changement de Religion de leur Duc. Ils disent qu'étant à Vienne, il devint excescessivement amoureux d'une Princesse Catholique. Elle lui annonça qu'elle n'épouseroit jamais un Prince Protestant. Le Duc ne balança pas un instant entre sa maitresse & sa Religion, il se fit Catholique ; mais il fut bien surpris lorsque la Princesse lui dit, *A Dieu ne plaise que je prenne jamais pour mari un homme qui a quitté sa Religion pour une femme. Je craindrois trop qu'il ne m'abandonnât tôt ou tard, comme il a abandonné son ancienne Croiance.* Je crois, cher Yn-Che-Chan, que ce sont-là de ces histoires faites à plaisir, & qui n'ont aucune réalité. Le plaisir de dire un bon mot aux dépens d'un homme qu'on n'aime point, le fait inventer, & la haine qu'on lui porte, le perpétue.

LE Wirtemberg est gouverné aujourd'hui par un Conseil de Régence, à la tête duquel est un Prince du sang des Ducs, qui remplit la charge d'Administrateur jusqu'à la majorité du jeune Prince regnant, l'aîné des trois fils qu'a laissés en mourant, *Alexandre.* Ce Souverain est élevé dans la Religion Catholique, ses sujets paroissent en être excessivement mortifiés. Si jamais l'Allemagne doit être encore déchirée par une guerre de Religion, elle pourroit bien commencer dans le Wirtemberg ; cela dépendra en partie de la prudence, ou de la mauvaise conduite du jeune Duc, lorsqu'il prendra lui-même le gou-

ver-

vernement de ses Etats. Trop de rigueur & trop de zèle réveilleroit entièrement des esprits, déjà excessivement aigris & prévenus qu'on veut ruiner leur Religion ; trop d'indifférence pour favoriser le Catholicisme ne conviendroit point aussi à la dignité d'un Prince Catholique : il faut bien de la probité & du génie pour accorder des intérêts opposés.

PORTE-toi bien.

De Stutgard, ce . . .

❀❀❀❀❀❀❀❀❀❀❀ : ❀❀❀❀❀❀❀❀❀❀

LETTRE QUATRE-VINGT-SEPTIEME.

Sioeu-Tcheou, à Yn-Che-Chan.

EN allant de Stutgard à Francfort, où je suis arrivé depuis deux jours, j'ai passé, cher Yn-Che-Chan, à Darmstadt. Cette ville est assez jolie, on y voit plusieurs rues fort bien percées. Il y a même quelques bâtimens qui méritent l'attention des voïageurs ; il est vrai qu'ils ne sont pas en grand nombre.

LES Souverains de Darmstadt sont de la Maison de Hesse, une des plus anciennes de l'Europe, & dans laquelle la pro-

bité,

bité, la valeur, la générosité, enfin toutes les vertus qui forment les grands Princes, sont héréditaires.

Les habitans de Darmstadt sont en général assez polis, ils aiment les Arts, & ils en ont l'obligation à quelques-uns de leurs derniers Princes qui les ont beaucoup protegés.

Les Nobles sont en général dans cette ville, ainsi que dans les autres de l'Allemagne, entêtés de leur noblesse. Plusieurs d'eux sont peu riches, & la gloire de leurs ancêtres ne leur donnant ni or, ni argent, il seroit à souhaiter que leur noblesse pût être un peu réparée par la roture de quelque riche bourgeoise; mais tel est, cher Yn-Che-Chan, le préjugé des Nobles Allemands; ils aiment mieux être dans l'indigence & conserver le *decorum* de leur condition, que de prendre une femme qui leur donne le moïen de mettre en usage & de faire briller cette qualité, qu'ils trainent bien souvent, plûtôt qu'ils ne portent, si j'ôse me servir de ce terme.

On voit en Allemagne plus de Nobles que dans aucun autre païs; mais aussi y voit-on plus d'illustres mandians : car peut-on appeller autrement cette foule de Gentilshommes qui occupent pendant presque toute leur vie les emplois de Caporal, de Sergent, &c. emplois, qui en France, en Angleterre, en Espagne, en

Hol-

Hollande, enfin dans tous les autres païs
ne font deftinés qu'à des foldats qui ont un
peu plus de génie que leurs camarades.
C'eft en vain que les Allemands, pour co-
lorer un ufage auffi déplacé & qui n'a été
inventé que pour nourrir tous ces Nobles
prêts à mourir de faim, prétendent que la
difcipline militaire demande qu'un homme
paffe par tous les rangs avant de parvenir
aux emplois d'Officier, & qu'il faut favoir
obéir pour favoir commander. Trois rai-
fons que difent les autres Européens, dé-
truifent entiérement tous ces prétextes,
plus fpécieux que folides. La première,
c'eft que le rang de Sous-Lieutenant n'eft
point affez relevé, pour qu'un Officier ne
puiffe parfaitement apprendre à obéir, &
s'accoutumer à la fubordination. La fe-
conde, c'eft qu'il eft très dangereux d'accoutumer de jeunes gens à fréquenter par-
ticuliérement des foldats. Quels exemples
peuvent-ils prendre? Il eft prefque impoffible que tôt ou tard ils ne fe reffentent
du caractère des gens qu'ils ont pratiqués
familiérement, & avec lefquels ils ont été,
pour ainfi dire, camarades. La valeur n'eft
qu'une des qualités néceffaires à former un
Officier véritablement eftimable, il doit ê-
tre prudent, affable, généreux, poli; ap-
prend-t-on ces qualités avec des foldats?
La troifième raifon, à laquelle il me paroît qu'il n'y a aucune réponfe, c'eft que

Q 2

tous

tous les Officiers Européens, Anglois, François, Espagnols, Hollandois, &c. ne font pas moins inftruits dans leur métier que les Allemands, quoiqu'ils ne paffent point par tous ces grades fubalternes, dans lefquels tant de Nobles Allemands languiffent quelquefois pendant la moitié de leur vie.

Ce n'eft pas feulement parmi les fimples Gentilshommes que l'on trouve en Allemagne des perfonnes extrêmement pauvres, entêtées de leur condition, & parlant fans ceffe de leur nobleffe. Il y a plufieurs Princes qui ne font guères plus avantagés des biens de la fortune; mais dont l'orgueil & la vanité égalent la pauvreté. Un ingénieux Auteur François a fait un agréable parallèle de ces Princes indigens, prefque toujours *inutiles fardeaux de la terre*, avec les fameux négocians Anglois, dont le génie & la grandeur d'ame égale bien fouvent les richeffes. „ Quand „ *Louïs XIV*. dit-il, * faifoit trembler „ l'Italie, & que fes armées, déjà mai- „ treffes de la Savoie & du Piémont, é- „ toient prêtes de prendre Turin, il fal- „ lut que le Prince Eugene marchât du „ fond de l'Allemagne au fecours du Duc „ de Savoie. Il n'avoit point d'argent, „ fans quoi on ne prend, ni ne défend les „ vil-

* Voltaire, *Lettres fur les Anglois*. Let. X.

„ villes ; il eut recours à des Marchands
„ Anglois. En une demi-heure de tems
„ on lui prêta cinq millions. Avec ce-
„ la il délivra Turin, battit les François,
„ & écrivit à ceux qui avoient prêté cette
„ fomme, ce petit billet. *Meſſieurs, j'ai*
„ *reçu votre argent, & je me flatte de l'a-*
„ *voir emploié à votre ſatisfaction.* Tout
„ cela donne un jufte orgueil à un Mar-
„ chand Anglois, & fait qu'il ôſe ſe com-
„ parer, non ſans quelque raiſon, à un
„ citioien Romain ; auſſi le cadet d'un
„ Pair du Roïaume ne dédaigne point le
„ négoce. Mylord *Townsbend*, Minis-
„ tre d'Etat, a un frere qui ſe contente
„ d'être Marchand dans la Cité. Dans le
„ tems que Mylord *Oxford* gouvernoit
„ l'Angleterre, ſon cadet étoit Facteur à
„ Alep, d'où il ne voulut pas revenir, &
„ où il eſt mort. Cette coutume paroît
„ monſtrueuſe à des Allemands, entêtés
„ de leurs quartiers; ils ne ſauroient con-
„ cevoir que le fils d'un Pair d'Angleterre
„ ne ſoit qu'un riche & puiſſant burgeois,
„ au lieu qu'en Allemagne tout eſt Prin-
„ ce. On a vû juſqu'à trente Alteſſes
„ du même nom, n'aiant pour tout
„ bien que des armoiries & de l'or-
„ gueil. "

L'Auteur François, cher Yn-Che-Chan,
qui dépeint ſi bien l'abſurde préjugé les
Allemands, n'épargne pas la ridicule va-ni-

té de ses compatriotes sur le mépris qu'ils
font de l'état le plus propre à les enrichir, & à augmenter la gloire de leur patrie. Voici comment il parle des Courtisans François. * „ Je ne sais lequel est
„ le plus utile à un Etat, ou un Seigneur
„ bien poudré, qui sait précisément à
„ quelle heure se leve le Roi, à quelle
„ heure il se couche, & qui se donne des
„ airs de grandeur en joüant le rôle d'es-
„ clave dans l'antichambre d'un Ministre,
„ ou un Négociant qui enrichit son païs,
„ donne de son cabinet des ordres à Su-
„ ratte, ou au Caire, & contribue au
„ bonheur du monde. “
Nous pensons bien différemment que les
François & les Allemands sur l'état des
Commerçans. Nous les regardons après
celui de laboureur, comme le plus utile
& le plus respectable. Nos Mandarins ne
se font point une honte de négocier; les
Lettrés même les plus célèbres unissent le
commerce avec les Belles-Lettres. Et
pourquoi ces deux choses seroient-elles in-
compatibles? Un Sage, un Philosophe,
un bon patriote ne doit-il pas tâcher de
se rendre le plus utile qu'il lui est possible
à ses concitoiens? Un savant Négociant,
les instruit & les enrichit, il cultive leur
esprit, & leur procure les moïens de vivre

* *Là même.*

vre dans l'abondance. Les Arts & les Sciences languissent toujours dans les païs qui sont pauvres & misérables; il convient que ceux qui veulent les faire fleurir, fournissent des secours utiles à ceux qu'ils invitent à les cultiver.

QUANT aux Magistrats, comme il est essentiellement nécessaire qu'ils soient riches, & que l'on n'a que trop de preuves que la pauvreté a fait souvent commettre des injustices à plusieurs, dont ils ne se fussent point rendus coupables s'ils avoient été moins indigens, il est très utile que le commerce leur fournisse le moïen de se procurer toutes les commodités de la vie. Un Juge indigent doit être doublement vertueux, le bien de la Société demandant qu'on prenne toujours les précautions requises pour prévenir tous les inconvéniens qui peuvent arrêter le cours de la Justice. On doit, autant qu'il est possible, ne point confier à des gens pauvres les charges de judicature; un Souverain doit donc pourvoir aux besoins de ceux à qui il confie la vie & les biens de ses sujets. La meilleure manière dont il puisse agir pour cet effet, & la plus commode, c'est de leur procurer par le commerce des richesses qu'il n'est point obligé d'ôter de ses coffres, ou de prendre dans la bourse de ses sujets.

EN vain voudroit-on opposer à cet usage,

Q 4

ge,

ge, auſſi utile que néceſſaire, la néceſſi-
té où ſont les Juges de donner une partie
de leur tems à l'étude des loix & à la dé-
ciſion des procès, il leur en reſte toujours
aſſez pour régler leurs propres affaires.
D'ailleurs, un Commerçant n'entre point
dans le détail journalier des ſimples Marchands : dans deux heures il termine quelquefois tout ce qu'il doit faire pendant
trois & quatre mois. Enfin l'expérience
dément cette objection. Nos Mandarins
ne dédaignent pas le commerce, & n'en
rendent pas moins exactement la Juſtice.
Les Européens ont même chez eux des
exemples ſenſibles de la poſſibilité d'al-
lier avec ſageſſe & avec prudence les talens du Commerçant avec ceux du Juge.
Combien de riches Hollandois n'y a-t-il
pas, qui, peu contens de faire fleurir
leur patrie par leurs conſeils & par leurs
déciſions, l'enrichiſſent encore par leur
attachement au commerce ? Il eſt tel Marchand Hollandois, qui, devenu membre
des Etats-Généraux, ou du Conſeil d'Etat,
décide du ſort de la guerre ou de la paix
dans toute l'Europe. Qui peut douter
qu'un pareil Négociant ne ſoit un homme
reſpectable aux yeux de tous les gens ſenſés ?

Si le négoce n'eſt point incompatible
dans les Etats où l'on penſe ſagement, a-
vec l'état d'homme de Lettres & avec ce-

lui

lui de Magiftrat, il doit l'être encore
moins avec celui du Gentilhomme qui ordinairement mérite le titre de Noble fai-
néant. Ne voilà-t-il pas une plaifante gloire que celle qui confifte à ne rien faire,
à méprifer le moïen le plus licite pour acquérir les richeffes qu'on fouhaite ardemment, & qu'on voudroit, s'il étoit poffible, fe procurer par des expédiens cent
fois moins glorieux, que ne l'eft le commerce ? Lorfque je vois un Gentilhomme à demi ruiné, ne fachant prefque de
quel bois faire flèche, méprifer un riche
Négociant & craindre de l'imiter, je crois
appercevoir un infenfé, qui, prêt à mourir
de faim, ne veut point prendre la nourriture qu'on lui offre, parce que celui qui
la lui préfente, ne conferve pas dans fon
coffre un vieux parchemin, figné par
Charles Quint.

Il eft fàcheux, cher Yn-Che-Chan,
que d'auffi honnêtes gens que le font
en général les Gentilshommes Allemands, qui n'ont guères de défaut effen-
tiel que celui d'être trop entêtés de
leur nobleffe & de leurs ancêtres, facri-
fient à une chimerique vanité les avantages les plus réels de la vie. Ils font cependant polis, gracieux, & l'amour outré
qu'ils ont pour leur qualité, eft beaucoup plus à charge à eux qu'aux autres. Ils fe contentent de fe croire in-

Q 5

fi-

finiment au-deſſus des autres hommes; mais ils ont aſſez d'attention pour ne point le leur témoigner; bien plus ſages en cela que les Anglois & les François, qui ne diſſimulent point la bonne opinion qu'ils ont d'eux-mêmes.

La bravoure eſt une qualité commune chez les Allemands, elle eſt principalement le partage des Gentilshommes; quant à la bonne foi, à la généroſité & à la franchiſe, ce ſont des vertus qui brillent plus en Allemagne que dans les trois quarts des autres païs de l'Europe.

L'amour des Sciences & des beaux Arts eſt encore le partage des Nobles Allemands; on en trouve pluſieurs qui ſavent beaucoup plus que ne ſavent en général les autres Nobles Européens.

Les Gentilshommes riches voïagent volontiers; ils pourroient faire un meilleur uſage qu'ils ne font de leurs voïages, ils s'appliquent trop à des choſes ſuperficielles & inutiles. Les Epitaphes, les Inſcriptious, &c. enfin tout ce qui a rapport à l'ancienneté des familles, fait une de leurs principales occupations; c'eſt-là une ſuite de l'amour outré pour la Nobleſſe. C'eſt les hommes qu'il faut tâcher de connoître lorſqu'on parcourt des païs différens, &

non

non pas les éloges menteurs qu'on a
placés ſur les tombeaux des morts. On
apprend plus dans un demi quart d'heure de converſation avec un Philoſophe, bourgeois par la naiſſance, mais
noble par le génie, qu'en liſant tous
les éloges funèbres qui ont été pro-
noncés depuis un ſiécle, à la mort de
tant de Nobles ignorans.

IL eſt tems de finir ma Lettre; je t'ap-
prendrai dans la première que je t'écrirai,
ce que je penſe de la ville de Francfort,
dont je ſuis aſſez content.

PORTE-toi bien.

De Francfort, ce . . . .

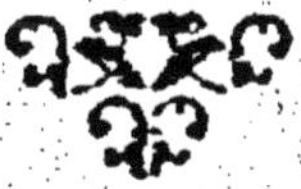

LETTRE QUATRE-VINGT-HUITIEME.

Sioeu-Tcheou, à Yn-Che-Chan.

JE te promis dans ma dernière Lettre, cher Yn-Che-Chan, de te parler de Francfort. Cette ville est grande, située sur une rivière qui favorise son commerce *. Elle est assez mal bâtie, la plûpart des maisons sont de bois, l'Architecture en est desagréable. Les rues sont larges & assez bien percées, mais pleines de boüe; il y a plusieurs Eglises anciennes, dont le Gothique n'a rien de remarquable que son ancienneté.

IL y a dans Francfort des Luthériens, des Protestans, des Catholiques, des Juifs.

* Voici comment parle de Francfort l'Auteur du Voïage Littéraire *Je ne ferai point la description de cette ville Impériale, cela n'entre point dans mon plan; je dirai en général qu'elle est belle, que les édifices en sont assez réguliers.* pag. 22. Il faut ou n'avoir point vû Francfort, ou n'avoir aucun goût de la bonne Architecture, ou n'avoir pas l'usage de la vûe pour porter un pareil jugement, & avancer des choses aussi manifestement fausses.

Juifs. L'exercice public de toutes les Religions n'y est pas cependant permis ; les
Protestans sont obligés de s'assembler dans
un village, éloigné d'une demi-lieuë de la
ville, dans lequel ils ont un Temple assez médiocre. Il est singulier que les
Luthériens, qui sont les seuls qui puissent
posseder les charges & entrer dans la Ma-
gistrature, aient pour les Juifs, que tous
les Chrétiens regardent comme leurs
mortels ennemis, plus de complaisance
que pour des gens, qui, à peu de chose
près, pensent ainsi qu'eux.

Avant d'avoir été en Allemagne, je
croiois, cher Yn-Che-Chan, qu'il étoit
impossible d'être aussi intolerans que les
Catholiques ; mais depuis que j'ai connu
les usages des Luthériens, j'ai bien changé de sentiment. Il est vrai qu'à Francfort la politique peut avoir autant de part
que le zèle de Religion, à l'abaissement
des Protestans. On dit ici communément
que les Catholiques ont les Eglises, les
Luthériens les charges, & les Réformés
l'argent. Si une fois des gens riches ob-
tenoient tous les droits des bourgeois, il
y a apparence qu'ils seroient tentés d'entrer dans les emplois. Les Luthériens ne
craignent point les Catholiques, parce
qu'ils n'ont que des Eglises. Ce n'est pas
là des effets qu'il soit facile de négocier
pour gagner des suffrages ; mais ils ap-
pré-

préhendent les Proteſtans, parce qu'ils
ont de l'argent, & qu'ils pourroient s'en
ſervir habilement.   Je ne blâme point les
Luthériens de prendre leurs précautions,
puiſqu'ils ſont les maîtres: il eſt naturel
qu'ils tâchent toujours de l'être; mais
puiſque les Proteſtans offrent pour obtenir
une Egliſe dans la ville, de renoncer à
jamais par un acte authentique à toutes les
charges, on devroit ſe contenter d'une
ſûreté auſſi forte, ſauf à révoquer la permiſſion qu'on leur auroit donnée, ſi jamais ils ſongeoient à manquer aux engage-
mens qu'ils auroient pris.

Les habitans de Francfort ſont aſſez af-
fables, ils aiment beaucoup la liberté
dont ils joüiſſent. Ce qu'il y a de plus eſti-
mable chez eux, c'eſt qu'ils en uſent a-
vec ſageſſe. Cette République Impériale s'eſt toujours conduite avec beaucoup
de prudence, & l'adminiſtration des Magiſtrats qui la gouvernent, a été eſtimée
de tout tems dans l'Allemagne.

L'etat de Commerçant n'eſt point regardé à Francfort & dans les autres villes
Impériales comme dans le reſte de l'Allemagne. Un Négociant y eſt reſpecté &
conſideré; auſſi peut-on aſſûrer hardiment
qu'il y a plus de richeſſes dans les villes
Impériales que dans tous les autres Etats
de l'Empire. La liberté dont on y joüit,
eſt auſſi bien plus grande; on n'a rien à y
craindre

craindre des caprices du pouvoir arbitraire. Dès qu'on ne blesse ni les loix, ni les usages autorisés par le Magistrat, on est le maître d'agir & de penser comme l'on veut. L'avantage de vivre dans une ville libre & indépendante, est bien considérable en Allemagne, où les Princes sont plus fiers & plus hautains que dans aucun païs de l'Univers.

LES Sciences sont assez cultivées à Francfort, & les soins du commerce n'empêchent point les Négocians d'aimer la lecture; on fait même dans cette ville un fort grand trafic en Livres. Parmi les Magistrats il y a plusieurs Savans, aussi respectables par leur probité que par leurs connoissances.

LES Ecclésiastiques Luthériens & Protestans s'appliquent assez à l'étude; quant aux Catholiques, on prétend qu'ils ne s'en soucient guères. S'il faut en croire un Auteur Allemand, le seul profit qu'on puisse tirer de leur conversation, c'est qu'ils offrent fort poliment un verre de vin. *J'allai rendre,* * *dit cet Auteur, visite aux Carmes. J'ai vû leur Bibliothéque qui est très chétive, sans goût, pleine de Scholastiques: je n'y ai pas trouvé un*
seul

* *Voyage Littéraire, fait en* 1733 *en France, en Angleterre, en Hollande,* &c. *pag.* 27.

seul Livre qui en valût la peine; je ne donnerois pas cent écus de toute cette Bibliothéque, quoiqu'elle soit de quatre à cinq mille volumes. Le Professeur en Philosophie me la montra; mon Dieu quelle ignorance! Le seul profit que j'aurois pû tirer de sa conversation, c'est qu'il m'offrit fort poliment un verre de vin, que je ne jugeai pas à propos d'accepter. Je voudrois voir, cher Yn-Che-Chan, ce que diroit un Auteur Catholique qui parleroit des Bibliothéquaires Luthériens & Protestans; peut-être ne les traiteroient-ils pas mieux. On risque fort de se tromper toutes les fois & quantes qu'on juge du mérite des Ecclésiastiques d'une Communion par ce que disent ceux d'une autre. D'ailleurs, l'Auteur qui parle si mal des Théologiens Catholiques de Francfort, est si décrié & si fort reconnu pour un homme qui pense sans refléchir, & qui dit également, & ce qui est, & ce qui n'est point, qu'on ne peut même décider sur son jugement du cas qu'on doit faire des choses les plus communes. Il se trompe sur des faits où il n'est besoin pour les connoître, que d'ouvrir les yeux. Il fait des descriptions pompeuses des villes les plus mal bâties; heureux encore si les erreurs grossières ne regardoient que des maisons & des places publiques, & si elles ne tomboient point très souvent sur les personnes les plus respectables, dont

elles

elles dénigrent, ou la probité, ou la science.

N'EST-il pas honteux, cher Yn-Che-Chan, qu'il se trouve des gens qui prostituent l'esprit, le don le plus précieux qui puisse être accordé aux hommes, & le font servir à flétrir la réputation d'un nombre d'honnêtes gens, dont ils n'ont jamais reçu la moindre injure; que dis-je? dont ils n'ont reçu aucune injure, dont ils ont même été accueillis très poliment? Voici comment parle cet Auteur d'un homme de Lettres qu'il visita en passant à Francfort, & qu'il semble n'avoir voulu voir que pour gouter le plaisir d'en médire. *Je pris, dit-il, * ce même jour une voiture, & fus rendre visite à Mr. König Libraire, établi à Offenbach petite ville à une lieue de Francfort. Il est logé magnifiquement, & sa Librairie est très considérable, sur-tout par les Livres curieux qu'il a ramassés. Le caractère de cet homme est assez particulier; c'est un Philosophe Misantrope, qui ne cherche qu'à mal parler du genre humain, & qu'à relever d'une manière satirique les défauts des hommes. Comme il a lû & voïagé, il est souvent heureux dans ses remarques. Seneque dit quelque part qu'il n'est aucun grand génie qui n'ait un*

grain

---

* *Voyage Litteraire &c., pag. 16.*

grain de folie. *Nullum magnum ingenium sine mixturâ dementiæ.* La dose ne
seroit-elle pas un peu trop forte chez Mr.
König? Je veux, cher Yn-Che-Chan,
que ce Libraire, homme de Lettres
soit réellement un peu fou. La chose
n'est pas impossible : quelques personnes de ce païs m'ont même assûré qu'il
étoit vrai que, quoique fort honnête
homme, il étoit d'un caractère très
singulier; mais pourquoi saisir le prétexte d'une visite pour apprendre au
Public des particularités qui lui sont
aussi indifférentes & si peu gracieuses
pour un particulier? N'est-ce pas abu-
ser des droits de l'hospitalité? N'est-ce
pas porter préjudice à tous les étrangers qui voïagent, & obliger les gens
de sens à s'en défier, de crainte qu'il
ne se trouvât parmi eux quelque étourdi, qui, de retour chez lui, donneroit
carrière à son imagination à leurs dépens, & les placeroit dans l'histoire
de leur voïage ?

J'AI vû, cher Yn-Che-Chan, plusieurs personnes qui se sont plaintes
amérement de l'Auteur dont je te parle. Un jeune Eccléfiastique Allemand,
qui alla à Paris peu de tems après lui,
eut une peine infinie à être reçu dans
certaines maisons. *Vous êtes de Berlin,*
lui disoit-on, *nous nous garderons bien*

de

de parler librement devant vous ; dès que vous feriez retourné en *Allemagne*, vous feriez quelque mauvaife compilation de tout ce que vous avez appris ici, & vous ne manqueriez pas d'y donner place à nos dif- cours. Ce ne fut qu'avec bien des pei- nes & des foins que ce jeune Allemand vint à bout de réparer le tort que lui avoit fait fon compatriote. J'efpere, cher Yn-Che-Chan, que fi jamais quel- qu'un de nos Chinois vient voïager en Europe après moi, il n'aura pas le mê- me déboire. J'obferve foigneufement de conferver dans un éternel filence les chofes que j'ai pû apprendre de certains Savans qui ont bien voulu me recevoir chez eux. Ce qui fe dit dans les converfations particulières ne doit jamais être rendu public, fans la permiffion expreffe de ceux qui fe font trouvés préfens à ces converfa- tions. En agir autrement, c'eft vio'er les règles fondamentales de la Société civile ; c'eft même manquer effentiel- lement au caractère de l'honnête hom- me, & abufer des attentions que la po- liteffe exige qu'on ait pour les étran- gers. Cinq ou fix voïageurs du carac- tère de l'Auteur dont je te parle, ren- droient les Savans auffi réfervés que le font les vieux courtifans. Que de- viendroient alors cette franchife, cet-

R 2

te

te honnête liberté, & cette façon d'agir libre & aifée qui conviennent fi fort aux gens de Lettres, & qui font le caractère des plus illuftres & des plus diftingués?

Si la bonne foi & la prudence font des vertus effentielles dans tous les différens états, elles le font encore plus dans celui d'un Savant. Un fourbe déshonore les connoiffances qu'il peut avoir, quelque vaftes qu'elles foient: un étourdi ne fait & ne dit jamais rien de véritablement bien; qu'on examine attentivement fa conduite ou fes difcours, dans le tems même que l'un & l'autre paroiffent raifonnables; on y trouvera toujours quelque chofe à redire. La véritable fageffe ne peut jamais fe trouver dans un cerveau où regne de tems en tems la folie. Si l'Européen, Auteur du Voïage Litteraire en Allemagne, en France & en Angleterre, avoit été perfuadé de ces maximes inconteftables, il fe fût fans doute évité la peine de publier fon Ouvrage. Je crois, cher Yn-Che-Chan, qu'à la Chine on mettroit aux Petites-maifons un homme qni auroit fait un Livre pareil au fien; en effet ne faut-il pas être fou pour offenfer de gaiété de cœur un nombre de gens dont on eftime les talens, & dont on a reçu des politeſſes ? Traiteroit-on autrement ſes plus cruels ennemis ? Je finirai ma Lettre par le portrait menteur que cet Ecrivain fait d'un des plus ſpirituels & des plus eſtimables Auteurs qu'il y ait en France ; tu pourras juger par celui-là des autres qui ſe trouvent dans ſon Ouvrage. *Je trouvai* *, dit-il, *ce même jour, Mr.* Prevoſt d'Exiles, *C'eſt un homme fin, qui joint à la connoiſſance des Belles-Lettres celle de la Théologie, de l'Hiſtoire, & de la Philoſophie. Il a de l'eſprit infiniment, & ſur-tout cet eſprit de développement, ſi néceſſaire dans les matières Metaphyſiques. Tout le monde connoît les agrémens de ſon ſtile. Je ne parlerai point de ſa conduite, ni d'une action criminelle dont il s'eſt rendu coupable à Londres. Cela ne me regarde point ; je ne le conſidère que par rapport à ſes talens, cela n'eſt-il pas excuſable dans un Voïageur ?* Ne voilà-t-il pas d'auſſi mauvais raiſonnemens, qu'ils ſont faux & calomnieux ?

Porte-toi bien.

De Francfort, ce . . . .

LETTRE QUATRE-VINGT-NEUVIEME.

Sioeu-Tcheou, à Yn-Che-Chan.

EN partant de Francfott, je n'ai point été d'abord à Cologne, je me suis détourné de ma route de trois ou quatre lieues pour voir Hanau. Cette ville est assez jolie, & presque toute nouvellement bâtie ; elle appartient aujourd'hui à un Prince de la Maison de Hesse, qui possede toutes les excellentes qualités qui font communes & héréditaires aux Princes de sa Maison. Il est adoré des habitans, qui le regardent plûtôt comme leur pere, que comme leur Souverain ; ce Prince a eu depuis peu cette Souveraineté. L'Electeur de Mayence prétend y avoir des droits, & a voulu s'en mettre en possessi n : ses troupes firent même pour cet effet quelques actes d'hostilité ; mais elles furent repoussées vivement par un ou deux Régimens Hessois. Ces Régimens, dont la valeur est renommée non seulement en Allemagne, mais dans toute l'Europe, étoient de trop dangereux adversaires pour

pour les soldats d'un Prince Eccléfia-
ftique.

IL femble que ce foit une néceffité
que les troupes qui dependent d'un
Prêtre, fe reffentent toujours de l'efprit & du caractère de leur Souverain.
Les plus mauvais foldats de l'Europe
font ceux du Pontife Romain. C'eft
une vérité connue & inconteftable.
Les troupes les moins valeureufes de
l'Allemagne font celles de Treves, de
Mayence, de Cologne, & des autres
Evêchés qui font érigés en Principau-
tés. On ne fauroit dire cependant
qu'elles ne valent rien du tout; car
tous les Allemands font braves & bons
foldats: mais parmi les meilleures chofes il s'en trouve quelques-unes qui,
quoique bonnes, deviennent médiocres, eu égard à quelques autres. Ainfi les troupes des Electeurs Eccléfiaftiques, confidérées par elles-mêmes,
ne font point mauvaifes; mais compa-
rées à celles de l'Empereur & des autres Electeurs, elles font peu eftimables.

J'AI vû pendant le tems que j'ai refté
à Hanau, quelques Officiers Heffois;
ils m'ont paru très fociables & fort
polis; ils me firent en qualité d'étranger l'accueil le plus gracieux. Ce que
j'admirai le plus en eux, c'eft que,
quoiqu'ils euffent beaucoup de mérite,

ils

ils sembloient l'ignorer. L'Officier François est aimable, mais il fait trop sentir qu'il connoît qu'il l'est. Un homme qui a de grandes qualités en diminue le prix lorsqu'il veut s'en glorifier trop ouvertement ; la meilleure manière de mériter des loüanges, c'est de ne témoigner aucune envie d'en recevoir, & d'agir cependant comme il convient d'agir pour en recevoir.

Je ne te parlerai pas, cher Yn-Che-Chan, aussi avantageusement des Docteurs de Hanau, que des Officiers. Je me trouvai incommodé, & priai mon hôte de me faire venir un Médecin ; il étoit pour lors environ six heures après midi. *Monsieur*, me repondit-il, *voulez-vous voir le meilleur de la ville?* ,, Sans doute, lui repliquai-je. " *Hébien*, repartit-il, *il faut attendre à demain matin. Mr. le Docteur *** est yvre régulièrement les après-midi, & ne visite jamais ses malades que le matin. Cependant si vous voulez, on le fera appeller; mais je ne vous conseille pas de prendre les remèdes qu'il vous ordonnera aujourd'hui. Il a fait souvent, lorsqu'il étoit gris, de terribles qui-pro-quo,* ,, Je n'ai pas envie, ,, lui dis je, de courir le risque d'aug-,, menter le nombre de ceux que Mon-,, sieur le Docteur envoie dans l'autre ,, Monde lorsqu'il ne les visite point

à

,, à jeun. Faites-moi venir le second
,, Médecin. ,, *Par la même raison, re-*
partit l'hôte avec un air fort ingénu,
que je ne vous conseille point de voir le pre-
mier, je crois devoir vous avertir de vous
defier du second. Il n'est pas excessivement
yvre les après-midi, mais il est toujours un
peu gris; rarement les gens le consultent dans
un autre tems que le matin. ,, Hé quoi!
,, m'écriai-je, tous les Médecins sont
,, donc inutiles dans cette ville dès
,, que midi a sonné, & c'est de la plé-
,, nitude, ou du vuide de leur estomac
,, que dépend la santé des habitans?
,, Ho! qu'il seroit bon que dans un païs
,, semblable à celui-ci, tous les Doc-
,, teurs en Médecine fussent de zélés
,, Mahometans, & que leur Religion
,, leur défendît l'usage du vin! Je croi-
,, rois volontiers que Mahomet fut
,, dans le même cas que moi, & que
,, lorsqu'il maudit la vigne, il se trouva
,, malade dans une ville où tous les
,, Médecins étoient yvres. ,, *Ha ha,* dit
l'hôte en riant, *ils ne le font pas tous,*
& si vous voulez, je vous en ferai venir
un qui est fort habile. ,, Appellez-le donc
,, au plûtôt, lui repliquai-je. ,, L'hôte
obéit, & peu après je vis entrer un
grave Docteur qui me tâta le poux,
& m'annonça gravement que mon mal
n'étoit point dangereux ; mais seule-
R 5

ment

ment incommode & douloureux. Il m'ordonna ensuite quelques remèdes, & me défendit de boire du vin. Je pensois que cet homme étoit d'accord avec ses camarades, & défendoit le vin aux malades pour qu'il fût moins rare & moins cher. Mon mal étoit une foiblesse d'estomac, & il me sembloit que cette liqueur étoit celle qui me convenoit le mieux. J'obéis cependant, & dans deux ou trois jours je fus très soulagé, en état de continuer ma route jusqu'à Cologne d'où je t'écris cette Lettre, & où j'ai recouvré une santé parfaite.

COLOGNE est une grande & vaste ville, peu peuplée, & en général mal bâtie, quoiqu'il y ait plusieurs belles maisons. L'Electeur ne demeure point dans cette ville, parce que son autorité y est excessivement bornée, & qu'il n'y a point le même pouvoir que dans le reste de son Electorat; il fait sa résidence ordinaire à Bonn.

LE peuple de Cologne est peut-être le plus superstitieux qu'il y ait en Europe, & le plus ignorant. Quant aux gens de distinction, ils ont ici à peu près les mêmes vertus & les mêmes défauts que tous les autres Nobles Allemands. Les Ecclésiastiques devroient être plus savans qu'ailleurs, car ils y

sont

font plus riches, & par conséquent ont plus de moïens d'étudier commodément ; cependant on ne voit point qu'ils profitent de cet avantage. C'est les traiter bien favorablement que de les regarder comme aussi éclairés que les autres Ecclésiastiques Allemands.

Il y a ici une Université ; mais elle est plus renommée par le grand nombre des étudians, que par le mérite des Professeurs. Leur nom n'est guères connu hors des portes de la ville, & jamais, qué je sache, aucun d'eux ne s'est fait une réputation, je ne dis pas illustre, mais même médiocre dans la République des Lettres.

Il y a eu autrefois des Libraires à Cologne qui ont imprimé des Ouvrages considérables par leur bonté & par leur grosseur ; on y a fait plusieurs Editions des principaux Auteurs Grecs. Les Libraires de Hollande ont fait tomber toutes ces Imprimeries. Les Ouvrages qui sortent aujourd'hui des mains des Imprimeurs de Cologne, ne valent pas la peine d'être lûs. Ce sont pour la plûpart de mauvais Livres de dévotion, remplis d'idées aussi fausses que ridicules, & qui ne font bons qu'à achever de rendre fanatiques quelques Prêtres Brabançons, ou quelques Li-

cen-

centiés ignorans de l'Université de Lou-
vain.

COLOGNE est une ville fort ancienne, elle fut accrue & augmentée considérablement par les ordres d'Agrip-
pine, * mere de Néron, qui voulut
rendre florissante cette ville où elle é-
toit née; elle ordonna qu'on y mit
une colonie de vieux soldats, que les
Romains appeloient *Véterans.*

LORSQUE Charlemagne forma le nou-
vel Empire d'Occident, il favorisa
beaucoup les habitans de Cologne, &
leur accorda plusieurs privilèges. Dans
ces derniers tems les Empereurs les ont
renouvellés, & y en ont ajouté plusieurs autres; cependant Cologne est
beaucoup moins riche qu'elle ne devroit l'être, eu égard à sa situation,
pouvant faire un commerce considérable par le Rhin, au bord dequel elle
est bâtie. On accuse les citoiens de
cette ville d'être paresseux & indolens:
il semble que ce défaut soit le partage
de tous les peuples gouvernés par des
Prêtres; ils ressemblent à leurs maîtres, à qui l'on peut appliquer les
beaux vers qu'a faits un Poëte François sur les Romains modernes, & qui
expri-

* C. Sthep.

expriment ſi bien la molleſſe de la
Cour de Rome.

Près de ce Capitole où regnoient tant d'allarmes, *
Sur les pompeux débris de Bellone & de Mars,
Un Pontife eſt aſſis au trône des Céſars ;
Des Prêtres fortunés foulent d'un pied tranquille
Les tombeaux des Catons & la cendre d'Emile.
Le trône eſt ſur l'Autel, & l'abſolu pouvoir
Met dans les mêmes mains le ſceptre & l'encenſoir.

LES Romains agiterent pendant
quelque tems s'ils détruiroient totalement la ville de Cologne. Elle ne fut
épargnée que par rapport à la manière dont les habitans avoient traité le
fils d'un Empereur, dont ils s'étoient
ſaiſis lorſqu'ils s'étoient révoltés †. Cet
exemple, que nous a conſervé l'hiſtoire, doit ſervir à tous les peuples, &
les engager à reſpecter toujours les
Princes dans quelque état qu'ils ſoient.
Pluſieurs villes ont été détruites & ſac-
cagées par la même raiſon que Cologne
a été épargnée.

LES offenſes perſonnelles qu'on fait
aux

----

* Voltaire, *Henriade*, Chant. IV.

† Tacit. *Hiſt. Lib. IV. Cap LXVIII.* Une foule de Prêtres & de Moines tient aujourd'hui la
place de ces valeureux citoiens qui faiſoient trem-
ber leurs voiſins.

aux Souverains, font punies tôt ou tard fi l'on retombe fous leur puiffance. Il faut, lorfqu'on eft affez malheureux pour leur avoir déplu, prendre des précautions pour n'avoir jamais befoin de leur clémence ; toutes les amniftiés finiffent ordinairement par quelque trifte cataftrophe. Un Prince Sait habilement trouver quelque prétexte pour fe débarraffer de ceux qu'il croit toujours avoir lieu de craindre, & de qui il penfe avoir reçu un affront que la feule néceffité & les conjonctures du tems l'ont forcé de paroître oublier.

Les Européens ont eu affez de preuves dans ces derniers fiécles que les Souverains confervent long-tems le fouvenir des offenfes ; les enfans enttent même dans le reffentiment de leur pere. Lorfqu'Henri IV. eut vaincu les Guifes, & qu'il leur eut accordé leur pardon, il travailla toujours du depuis à les abaiffer & à les détruire. Enfin Louis XIII. fon fils força le dernier de cette Branche de Lorraine d'aller mourir profcrit & exilé dans le fond de l'Italie.

Quelque-fois le mal qu'on fait aux Princes, même involontairement, eft puni long-tems après. Le malheureux Montgomeri, qui dans un Tournois tua Henri II. perit plufieurs années après

sur

fur un échafaut ; la Reine, qui le fa-
crifioit à la douleur d'avoir perdu fon
époux, prit le prétexte de la Religion.

Mais fans aller chercher en Europe
des exemples de la vengeance tardive
& diffimulée des Souverains, n'en
avons-nous pas de journaliers dans
l'Afie ? N'eft-ce pas avec tous les ménagemens que met en ufage la plus fine politique, que les Princes Orientaux font perir tous ceux de leurs fujets qu'ils craignent, & dont ils font
obligés de diffimuler pendant un tems
les offenfes ? Les Princes font également jaloux dans tous les païs de leur
autorité, & ils cherchent également à
punir ceux qui leur déplaifent. La différence qu'ils tiennent dans leur conduite ne vient pas d'une moindre envie de fe venger ; mais d'une moindre
commodité. Dès qu'ils trouvent cette
commodité, Malheur à ceux qu'ils n'aiment point ! Il n'y a que des fous,
cher Yn-Che-Chan, qui, après avoir
offenfé un Prince perfonnellement,
comptent réellement fur le pardon de
leur crime.

Porte-toi bien.

LETTRE QUATRE-VINGT-DIXIÈME.

Sioeu-Tcheou, *à* Yn-Che-Chan.

AU lieu de continuer ma route en descendant le Rhin, j'ai retourné sur mes pas, & pris le chemin de la Pologne par la Hesse & la Saxe. Le tems que je veux encore emploier à mes voïages ne me permet pas d'avancer davantage du côté de la Hollande.

ON appelle *Landgraviat* le païs de Hesse ; ce mot signifie un Comté provincial. Ce païs est situé entre le Rhin & le Wesel : il est fort coupé par des montagnes & des forêts ; il y a cependant beaucoup de prairies & de terres labourables. Le Landgrave qui regne aujourd'hui, est aussi Roi de Suéde ; c'est le Prince *Guillaume* son frere qui gouverne en son absence.

CASSEL, la capitale de la Hesse, est une ville bien fortifiée, & qui dans ces derniers tems a été considérablement augmentée par les Protestans François, qui s'y établirent lorsqu'on les eut bannis de leur patrie. Ils y porterent avec eux les arts & les manufactures, &

leur

leur industrie contribua beaucoup à faire fleurir le commerce. Les Allemands ont sû profiter habilement des sotises des François, & mettre à profit les folies & les cruautés que leur avoit fait faire un faux zèle de Religion. Quelques Allemands disent, en plaisantant, qu'ils esperent que la France aura la bonté d'achever de les enrichir, & que puisqu'elle leur a envoié les Protestans, elle leur enverra de même quelque jour les Jansénistes. *Lorsque nous perdons une bataille contre les François,* me disoit un jour un Allemand, *nous nous en consolons aisément: avant qu'ils nous aient tué autant d'hommes qu'ils nous en ont donnés, il faudra une guerre qui dure deux cens ans. Il y a telle ville en Allemagne, où il se trouve trente mille réfugiés François.* S'il est toujours triste de faire des sotises, il l'est encore plus de voir que ceux qui en profitent, se moquent de nous, & nous tournent en ridicule. Un François qui voïage en Allemagne, qui fait attention aux maux que le fanatisme & la superstition ont faits à ses compatriotes, & qui est encore obligé d'essuier des plaisanteries, est doublement mortifié.

Les Hessois sont laborieux & aguerris : ils aiment assez les Sciences; elles ne sont point méprisées chez eux, il y a

dans la ville de Marbourg une Univer-
fité célebre & rénommée dans toute
l'Allemagne.

AUTREFOIS les Landgraves de Heffe
étoient attachés à la France, & depuis
Philippe le Magnanime, qui dans les commencemens des premières guerres du
Luthéranifme fut fait prifonnier par
Charles-Quint, jusqu'à *Philippe* qui vivoit en 1658. les Princes de Heffe-Caffel avoient toujours favorifé les intérêts
de la France, autant que ceux de l'Empire le leur pouvoient permettre. Cette politique leur avoit été plus favorable, que celle d'être attachés à la Maifon d'Autriche ne l'a été à la Branche
de Heffe-Darmftadt: car dans les guerres de la Maifon de Bourbon & de celle d'Autriche, elle a confervé avec
peine les païs & les places qui lui appartiennent; au lieu que la Maifon de
Heffe-Caffel a fû fi bien profiter de l'a-
mitié & de l'alliance de la France,
qu'elle s'eft fait donner par le Traité
de Munfter de grandes fommes d'argent & l'Abbaïe de Hirfchelt, qu'elle
a trouvé le moïen de faire ériger en
principauté. Depuis quelque tems les
Landgraves de Heffe-Caffel ont cru
que leurs intérêts n'exigeoient point
qu'ils fuffent unis avec la France; dans
les dernières guerres ils ont été fort
atta-

attachés à la Maison d'Autriche. Je ne
fais pas ce qu'ils y ont gagné: peut-
être ne le favent-ils pas trop eux mêmes; cependant par la fituation où les
chofes font actuellement, il eft certain
que fi la guerre venoit à fe déclarer,
les Landgraves de Heffe-Caffel pren-
droient le parti contraire à celui de la
France.

Les Heffois, en matière de Religion,
me paroiffent auffi inconftans que les
François en amour. *Philippe* le Magnanime les fit devenir Luthériens peu
de tems après que Luther eut publié
fes opinions en 1572. Le Landgrave
Maurice, aiant changé de Religion, &
s'étant fait Calvinifte, il rendit auffi
tous fes fujets zélés difciples de Calvin.
Si quelque Prince de Heffe-Caffel s'a-
vifoit de fe faire Quakre, la mode des
boutons & des plis aux habits feroit
paffée à Caffel dans moins de vingt-
quatre heures, & ne reviendroit que
lorfque quelque autre Prince jugeroit
à propos de ne prier plus Dieu qu'en
Latin. En ce cas, les Heffois retourne-
roient, après avoir parcouru tout le
cercle, au premier point dont ils étoient partis, remettroient en ufage les
Indulgences & les autres béatilles fpi-
rituelles du Pontife Romain, comme il
eft arrivé aux Heffois, foumis à la

domi-

domination de la Branche de Heſſe-Rhinfeld, un Prince de cette Branche, nommé *Erneſt*, aiant embraſſé la Religion Romaine l'an 1682.

Il faut, ſans donte, cher Yn-Che-Chan, que les Heſſois ſoient perſuadés qu'une Religion n'eſt bonne ou mauvaiſe, qu'autant qu'elle eſt pratiquée, ou abandonnée par leur Prince; de même que les François ſe figurent qu'une mode ne doit durer, qu'autant qu'elle eſt du goût de leur Souverain. Il faut avoüer que la Théologie Heſſoiſe eſt de toutes les Sciences la plus facile. Il eſt tel Philoſophe, qui diroit peut-être qu'elle n'eſt pas la moins ſenſée, ni la moins utile à la tranquillité publique.

Le célebre *Philippe* le Magnanime, qui fut le premier Prince qui accoutuma les Heſſois à ſuivre la croiance de leur Souverain, qui en fit des Pythagoriciens, & leur enſeigna la maxime *de jurer par les paroles du maître*, fut un des principaux auteurs de l'établiſſement du Luthéraniſme. Ce qu'il y a de ſingulier, c'eſt que lui & le Duc de Saxe, quoique toujours battus & malheureux, vinrent cependant à bout de leur deſſein.

Après que tous les Souverains Luthériens ſe furent unis enſemble par la
fa-

fameufe Ligue de Smalkade, ces deux
Princes, déclarés Chefs de la Ligue,
fe trouverent à la tête de quatre-vingt
mille hommes de pied, & de dix mille chevaux; l'artillerie de cette armée
étoit de cent trente pièces de canon.
Il y avoit apparence que les Princes
ligués remporteroient de grands avantages fur *Charles-Quint* qui n'avoit pû
d'abord affembler affez de troupes &
de munitions pour les combattre; mais
cet habile Empereur fe comporta fi
prudemmenr, s'étant campé dans un
pofte avantageux entre l'armée des ennemis & la rivière d'Izar, qu'il eut le
loifir d'attendre les troupes que lui en-
voia le Pontife Romain, dont le nombre montoit à dix mille hommes de
pied & cinq mille cinq cens chevaux.
Ces troupes ne furent pas celles qui
lui furent les plus utiles, il retira un
grand avantage de fix mille Efpagnols,
tous vieux foldats qu'il avoit fait venir de Naples & de Milan. Son armée
fe trouvant forte alors de quarante-
cinq mille hommes, il fut en état de
marcher & d'agir contre les Confé-
derés. Il fe conduifit fi prudemment,
que fans en venir à une action décifi-
ve, il les obligea avant la fin de l'année de rechercher la paix. Il la leur
offrit à des conditions fi dures, qu'ils

aime-

aimerent mieux continuer la guerre que de les accepter. Quelques Princes confédérés & quelques
villes qui étoient entrées dans la Ligue, n'approu-
verent point cette résolution, & profiterent des voies
d'accommodement qu'on leur offroit, prenant pour
prétexte de leur défection le mauvais état des affaires des Confédérés. *Ulric*, Duc de Wirtemberg,
fit sa paix; son exemple fut suivi par les villes
d'Ulm, de Francfort, de Meminge, de Bibrac, de
Rayensbourg, de Kempten, d'Augsbourg & de Strasbourg.

Cet affoiblissement ne fut pas le seul que reçut le
parti Protestant. Il comptoit sur le secours de l'Angleterre & de la France; mais les Ambassadeurs de
l'Electeur de Saxe trouverent *Henri VIII.* à l'extré-
mité, & prêt à perdre la vie. *François* I. Roi de
France, mourut dans ces tems critiques. Peu de
jours avant son décès, il avoit fait tenir cent mille
écus d'or au Landgrave de Hesse & à l'Electeur de
Saxe; ce fut le dernier secours qu'il leur donna. Il
sembloit que ces deux Rois, sortant ainsi de ce Monde, eussent été sacrifiés par les Parques à la fortune de *Charles-Quint*, & ne fussent morts à peu près
dans le même tems que pour arrêter le cours de ses
victoires. Celle qu'il remporta sur les Protestans, fut
des plus complettes; il fit prisonnier l'Electeur de Saxe, & le fit condamner, comme rebelle, à avoir la tête
tranchée. L'Electeur de Brandebourg obtint que l'on
conserveroit la vie à ce Prince malheureux, qui fut
obligé de renoncer à sa dignité Electorale & à ses
Etats, qui furent donnés au Prince *Maurice* de Saxe,
& de rester prisonnier auprès de l'Empereur autant
de tems qu'il le jugeroit à propos.

La paix qu'obtint le Landgrave de Hesse par l'en-
tremise du même Electeur de Brandebourg, fut presque aussi dure que celle qu'avoit conclue l'Electeur de
Saxe. Il fut obligé de païer cent cinquante mille écus,
de démolir toutes ses forteresses & ses châteaux, excepté Zigenheim & Cassel. Ce qu'il y eut de plus mor-
tifiant pour lui, c'est qu'il fallut qu'il vint en personne demander pardon à genoux à l'Empereur, qui le
reçut assis sur son Trône. Son Chancelier ayant lû un
écrit, dans lequel le Landgrave demandoit pardon de
l'offense qu'il avoit commise contre la Majesté Impériale,

riale, *George Helde* répondit au nom de l'Empereur
que quoique le Landgrave eût mérité un grand châ-
timent, comme il le confeſſoit lui-même, il vouloit
bien néanmoins accorder, à l'interceſſion de quelques
Princes, qu'il ne fût point condamné ni au dernier
ſupplice, ni à la proſcription de ſes biens. Le Landgrave remercia enſuite *Charles-Quint*, & comme on
le laiſſoit trop long-tems à genoux, il ſe leva ſans ordre. L'Empereur n'en fut point content, & ſoit qu'il
regardât l'action du Landgrave comme une nouvelle
offenſe, ſoit qu'il ne ſe ſouciât guères de tenir ſa parole, il le fit arrêter le même jour. Ce fut en vain
que l'Electeur de Brandebourg & le Prince *Maurice*
de Saxe ſe plaignirent du procédé de l'Empereur, il
leur répondit qu'il ne leur avoit pas promis que le
Landgrave ne ſeroit pas détenu priſonnier ; mais qu'il
l'exempteroit d'une priſon perpétuelle.

CETTE diſtinction captieuſe, digne d'un Prince
auſſi fourbe que *Charles-Quint*, dont la mauvaiſe foi
terniſſoit l'éclat de toutes ſes vertus, irrita non ſeu-
lement les Electeurs qui avoient négocié l'accommodement du Landgrave, mais auſſi toute l'Allemagne.
Les Ambaſſadeurs des Electeurs de Saxe & de Brandebourg ſe plaignirent vivement à la Diéte d'Augsbourg du manquement de parole de l'Empereur. La
Princeſſe de Heſſe, femme du Landgrave, & ſes ..
ſe joignirent à eux pour ſolliciter la liberté du priſonnier ; mais tout cela fut inutile, & *Charles-Quint*
la refuſa conſtamment.

QUI croiroit que dans un tems, où il ſembloit que
tout concouroit à accabler l'Electeur de Saxe dé-
poſſédé, & le Landgrave priſonnier, tout à coup
la liberté leur auroit été rendue, & qu'on auroit
accordé aux Proteſtans le droit & les privilèges
qu'on leur refuſoit opiniâtrément depuis pluſieurs
années ! Cette révolution ſoudaine qui ſe fit en Allemagne, eſt une des plus étonnantes qui ſoit arrivée
depuis pluſieurs ſiécles. Le Prince *Maurice* de Saxe,
qui tenoit ſon rang & ſes Etats des bienfaits de *Charles-Quint*, voulut effacer la mauvaiſe impreſſion qu'il
avoit donnée par ſa conduite aux Luthériens dont
il profeſſoit la Religion, & qui croioient avec aſſez
de fondement qu'il avoit ſacrifié le Duc de Saxe ſon
couſin à ſon ambition. Il ſe joignit pour cet effet

avec

avec l'Electeur de Brandebourg, & firent tous les deux
une ligue avec le Roi de France *Henri* II. Le Comte
Palatin, les Ducs de Wittemberg, & des Deux-Ponts,
le Marquis de B de entrerent dans cette alliance. Ces
nouveaux Confédérés furent plus heureux que les
premiers; le Prince *Maurice* se rendit maître de toutes les villes qui se trouverent sur son passage, & s'a-
vança jusqu'en Suabe. Il prit dans treize jours la ville
d'Augsbourg, de là il s'avança vers les Alpes pour
empêcher les troupes Espagnoles & Italiennes d'entrer en Allemagne. Ses victoires dissiperent les Evê-
ques qui étoient assemblés à Trente, & qui ne s'y
crurent point en sûreté.

PENDANT que ce Prince remportoit de si grands
avantages sur l'Empereur, le Roi de France faisoit
de son côté des progrès considérables; à la tête d'u-
ne puissante armée il s'empara de Verdun, de Toul
de Mets, de Nanci & de toute la Lorraine. L'Empereur, étonné de tant de pertes, & craignant de
nouveaux revers, offrit une paix avantageuse aux
Luthériens; ils l'accepterent, & elle fut conclue
par le traité, qu'on appelle la pacification de Pas-
sau. Par ce traité le Landgrave de Hesse fut mis
en liberté, & les Luthériens acquirent tous les droits
qu'ils demandoient; aussi l'ont-ils considéré comme
le fondement & le titre de leur liberté qu'ils ont
toujours conservée depuis, malgré les tentatives
qu'on a faites quelquefois pour la leur ôter, & qu'ils
conserveront sans doute encore long-tems, étant les
plus puissans en Allemagne, & les Souverains du
Nord se trouvant engagés par leur Religion à entrer
dans leur querelle.

PORTE-toi bien, & donnes-moi de tes nouvelles;
je suis étonné de n'en recevoir aucune.

De Cassel, le . . . .

FIN DU TROISIE'ME TOME.

BIBLIOTHEQUE

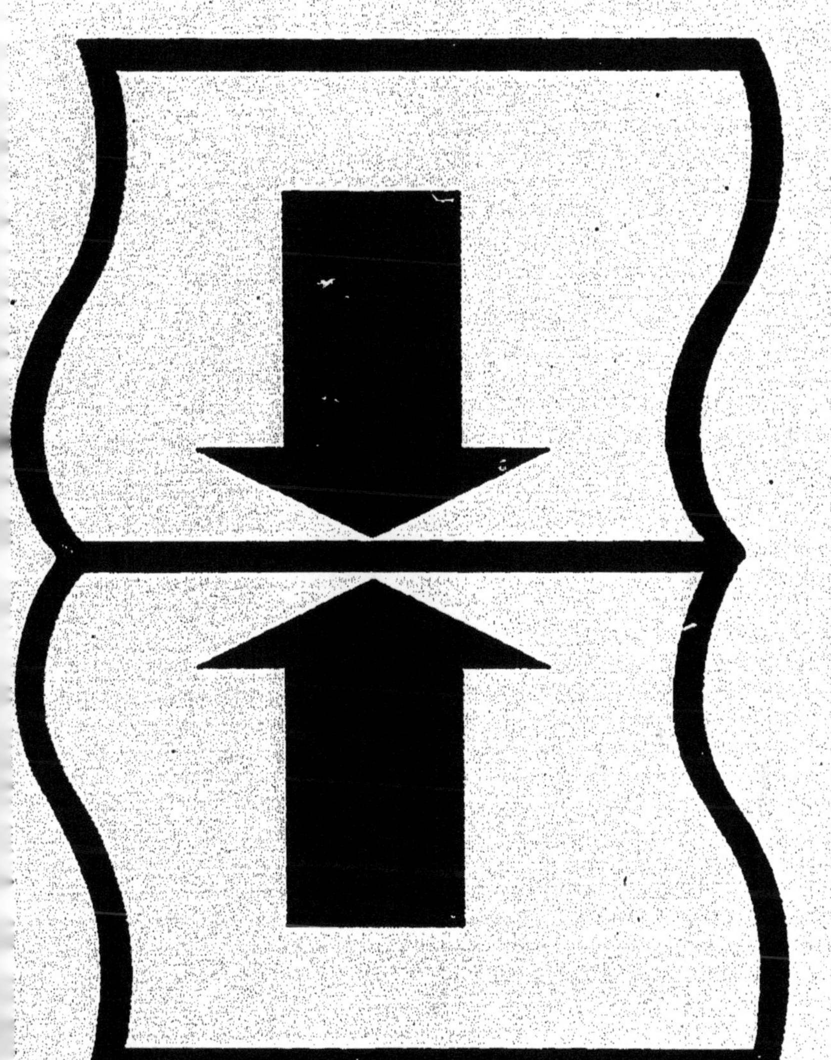

Reliure serrée

www.ingramcontent.com/pod-product-compliance
Ingram Content Group UK Ltd.
Pitfield, Milton Keynes, MK11 3LW, UK
UKHW022158120726
13694UKWH00002B/350